見るだけで楽しめる！

遠野物語と怪異

遠野の呪術の世界

遠野市立博物館 監修

河出書房新社

遠野物語と怪異◎目次

第四章 遠野の呪術の世界

第五章　なぜ、遠野は怪異が多いのか？

はじめに

本書は、遠野市立博物館でこれまでに開催した「遠野《とおの》物語《ものがたり》と河童《かっぱ》」（二〇一八年）、「遠野物語と怪異」（二〇二〇年）、「遠野物語の世界」（二〇二二年）、「遠野物語と呪術」（二〇二三年）などの特別展の展示図録をもとに怪異をテーマとして再編成したものです。

柳田國男《やなぎたくにお》の『遠野物語』は、日本民俗学の出発点とも言える記念碑的著作であり、発刊から一一〇年以上を経た今なお多くの人びとを魅了し続けています。『遠野物語』には、河童や天狗《てんぐ》などの妖怪、山の怪異、ザシキワラシなどの精霊、様々なまじないの習俗など、一一九の不思議な物語が収められています。これらの物語は、当時の遠野の人びとにとっては身近な「目前の出来事」「現在の事実」として語られていたものでした。本書では、『遠野物語』に登場する怪異や呪術に焦点を当て、遠野や東北地方に伝わる民間伝承や民俗資料を通して、その世界観を紹介しています。

第一章「遠野物語誕生前夜」では、『遠野物語』の成立過程や柳田國男と佐々木喜善《ささききぜん》の出会い、台湾人類学者・伊能嘉矩《いのうかのり》との交流など、作品誕生の背景に迫りました。第二章

「遠野物語と怪異」・第三章「遠野物語と妖怪」では、妖怪や怪異に関する文献資料や、八戸藩の本草学《ほんぞうがく》標本コレクション、東北各地に伝わる河童や人魚のミイラなど、怪異をめぐる様々な資料を紹介しています。第四章「遠野の呪術の世界」では、遠野を中心とした岩手県内各地に伝わるまじないの習俗や関連する民俗資料を取り上げました。第五章「なぜ、遠野は怪異が多いのか？」では、物語の生まれた遠野の歴史と民俗について紹介しました。

『遠野物語』への関心は今なお衰えることなく、文学、民俗学、歴史学など様々な分野の研究者や愛好家を魅了し続けています。また、遠野市では『遠野物語』ゆかりの地を巡る観光コースが人気を集めるなど、地域の文化資源としても大きな役割を果たしています。

本書が、読者の皆様にとって『遠野物語』の世界をより深く理解し、遠野の文化や歴史に触れる機会となれば幸いです。また、私たちの身近にある不思議な話や習俗に目を向け、その背景にある人びとの思いや願いに思いを馳せるきっかけになることを願っています。

遠野市立博物館館長　長谷川 浩

- 本書は、遠野市立博物館特別展「遠野物語と妖怪」2015年、「遠野物語と河童」2018年、「遠野物語と怪異」2020年、「遠野物語と遠野の縄文文化」2021年、「遠野物語の世界」2022年、「遠野物語と呪術」2023年の展示内容をもとに、新たな書き下ろしなどを加えて、書籍として構成したものです。

- 本書に収録されている図版・写真は特別展において展示されたもの並びに展示図録に掲載されているものと異なるものも含みます。また、実際の特別展における展示資料、構成は本書の内容と同一ではありません。

- 『遠野物語』は新漢字旧かなづかい、「遠野物語拾遺」は新漢字新かなづかいとし、漢字の一部をひらがなにしました。

序章

遠野って、どんなところ？

昨年八月の末自分は遠野郷に遊びたり。
花巻より十余里の路上には町場三ヶ所あり。
其他《そのほか》は唯《ただ》青き山と原野なり。

『遠野物語』序文より

遠野盆地全景

これみんな遠野で起きた出来事!?

遠野と言えば、民話のふるさと。

語り部の昔話によって、河童《かっぱ》やザシキワラシの伝承が息づき、町を歩けば、『遠野《とおの》物語《ものがたり》』の世界を体感できる場所として知られている。

そんな遠野の言い伝えを紹介しよう――。

ある日淵へ馬を冷しに行き、
馬曳の子は外へ遊びに行きし間に、
河童出でて其馬を引込まんとし、
却りて馬に引きずられて
厩の前に来たり

>>> P60

河童の
出現ポイント、
なんと14カ所！

小正月の夜、
又は小正月ならずとも
冬の満月の夜は、
雪女が出でて遊ぶとも云ふ

>>> P52

日が暮れて、道に踏み迷って困っていると、
一つの**光り物**が一行の前方を飛んで道を照らし、
その明りでカラノ坊という辺まで降りることが出来た

>>> P42

遠野は石碑が
すごく多い町
なんだよ
石碑

序章　遠野って、どんなところ？

近き頃高等女学校に居る娘の休暇にて帰りてありしが、或日廊下にてはたと**ザシキワラシ**に行き逢ひ大いに驚きしことあり

>>> P72

急に土蔵の中で
大釜が鳴り出し、
それが段々強くなって
小一時間も鳴っていた
>>> P43

その時の釜がコレ！

このあたりの沢には稀に人目に見える沼があるという（略）もしこの沼を見た者があれば、それがもとになって**病んで死ぬ**そうである
>>> P48

昔から**人の行くことを禁ぜられた場所**で、
ことに池の傍に行ってはならなかった
>>> P47

猿の経立、御犬の経立は恐ろしきものなり。
御犬とは狼のことなり
>>> P107

綾織村の17歳になる少年、
先頃お二子山に遊びに行って、
不思議なものが木登りをするところを見たといい、
このことを家に帰って人に語ったが、間もなく死亡した >>> P48

戸を開けて一人の極めて背の高い男が入って来た（略）
その男**おれは天狗だ**といった。
鼻は別段高いという程でも無かったが、
顔は赤くまた大きかった >>> P75

天狗の残していった
下駄が博物館に
あります
ホントに？

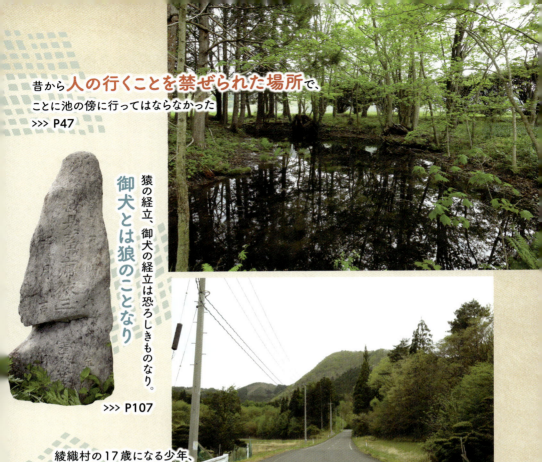

村々には諸所に
子供等が怖れて近寄らぬ場所がある（略）
先年死んだ村の某という女が
生前と同じ姿でこの森にいたのを
見たという若者もあった
>>> P44

貞任山には昔一つ眼に一本足の怪物がいた。
旗屋の縫という狩人が行ってこれを退治した
>>> P76

遠野市立博物館蔵

夢と現との境のやうなる時に、是も**丈の高き男**一人近よりて
懐中に手を差し入れ、かの綰ねたる黒髪を取り返し立去ると見れば
忽ち睡は覚めたり。山男なるべしと云へり >>> P119

キャシャというものがいて、
死人を掘起してはどこかへ
運んで行って喰うと伝えている
>>> P50

娘此馬を愛して夜になれば厩舎に行きて寝ね、**終に馬と夫婦に**成れり（略）
父は之を悪みて斧を以て後より馬の首を切り落せしに、
忽ち娘は其首に乗りたるまま天に昇り去れり >>> P86

ふと大なる岩の陰に**赭き顔の男と女**とが立ちて何か
話をして居るに出逢ひたり。彼等は鳥御前の近づくを見て、
手を拡げて押戻すやうなる手つきを為し >>> P103

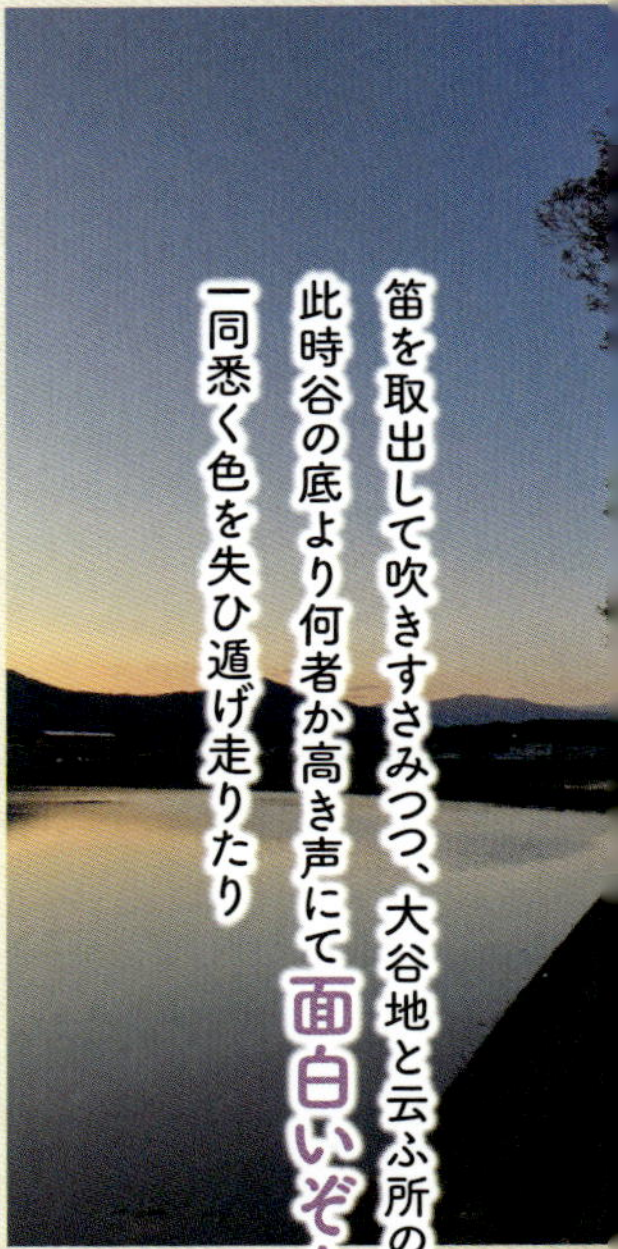

笛を取出して吹きすさみつつ、大谷地と云ふ所の上を過ぎたり（略）此時谷の底より何者か高き声にて**面白いぞー**と呼はる者あり。一同悉く色を失ひ遁げ走りたり

>>> P120

思ふに遠野郷には此類《この》の物語猶《なお》数百件あるならん。我々はより多くを聞かんことを切望す。

『遠野物語』序文より

こうして列記すると、遠野では昔から常識では考えられないような怪異が起こっていたことになる。それも、ひとつやふたつではなく、かなりたくさん。

『遠野物語』（明治四十三年刊）には一一九話、『遠野物語　増補版』（昭和十年刊）に収録された「遠野《とおの》物語《ものがたり》拾遺《しゅうい》」には二九九話の伝承が書き留められている。ここで示したのは、そのほんの一部である。

なぜ、遠野にこれほどまでの怪異譚《かいいたん》が集まっているのだろうか。もしかして、遠野はヤバイ怪異スポットではないか？

——そう思う人もいるだろう。

その謎をひもとくために、まずは『遠野物語』が書かれた経緯から話を始めよう。

第一章 遠野物語 誕生前夜

此話《この》はすべて遠野の人佐々木《ささき》
鏡《きょう》石《せき》君より聞きたり。昨明治
四十二年の二月頃より始めて夜
分折折訪ね来り此話をせられし

を筆記せしなり。鏡石君は話上手には非《あら》ざれども誠実なる人なり。自分も亦《また》一字一句をも加減せず感じたるまゝを書きたり。思ふに遠野郷には此類の物語猶《なお》数百件あるならん。我々はより多くを聞かんことを切望す。国内の山村にして遠野より更に物深き所には又無数の山神山人の伝説あるべし。願はくは之を語りて平地人を戦慄せしめよ。

『遠野物語』序文より

＊佐々木喜善の筆名

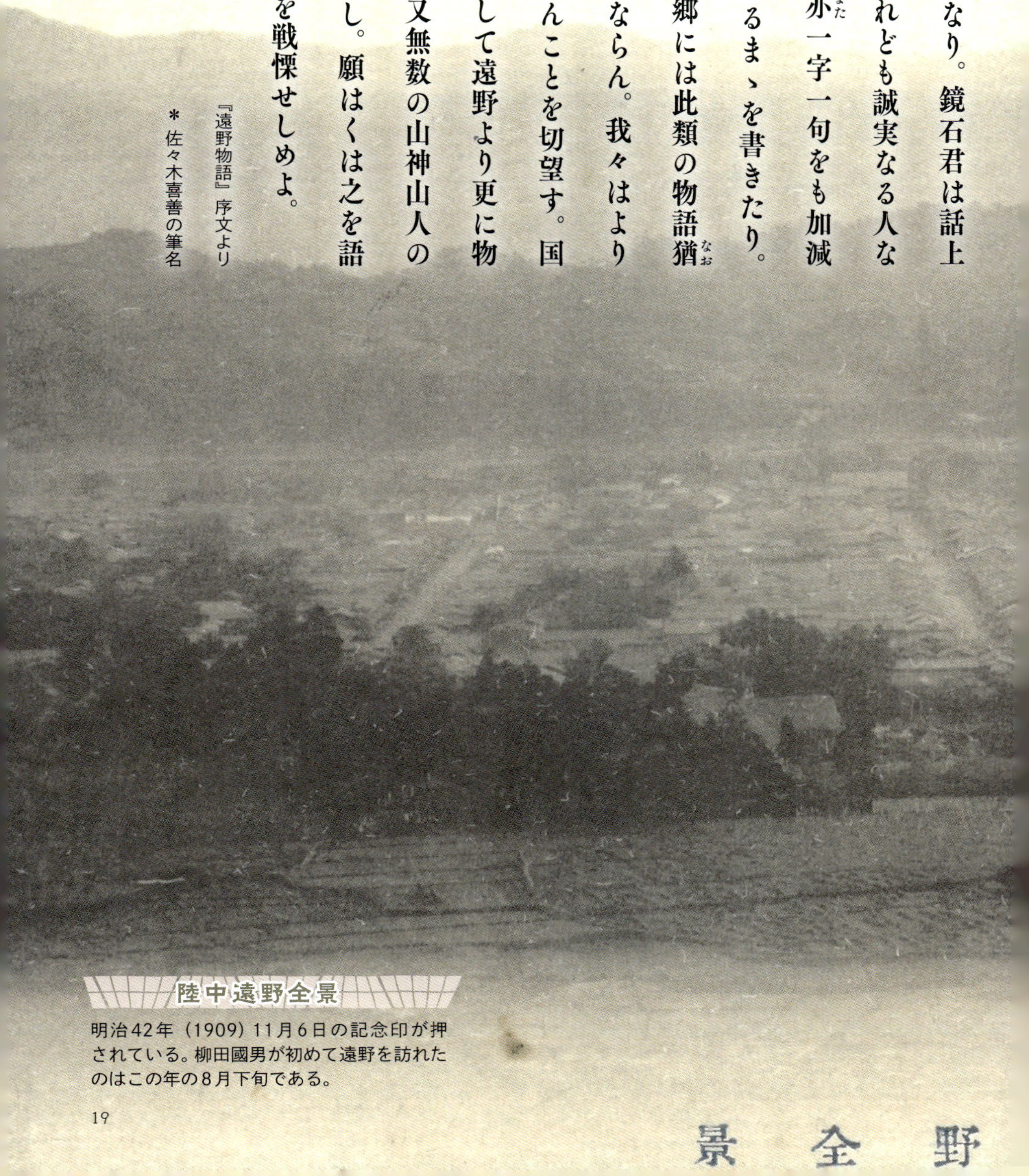

陸中遠野全景

明治42年（1909）11月6日の記念印が押されている。柳田國男が初めて遠野を訪れたのはこの年の8月下旬である。

佐々木喜善
(1886～1933)

昔話研究の先駆者で「日本のグリム」と呼ばれた。明治19年、現在の遠野市土淵町に生まれ、早稲田大学在学中に柳田國男と出会う。その後も土淵村長などの公職を務めながら創作と民俗資料の収集に没頭し、『江刺郡昔話』『聴耳草紙』などを著した。昭和8年、48歳の時に仙台で他界した。

柳田國男
(1875～1962)

日本民俗学の創始者。明治8年、現在の兵庫県神崎郡福崎町に生まれ、東京帝国大学を卒業後、農商務省に勤めるなど官僚生活のかたわら、『遠野物語』などの著作を発表。大正8年（1919）に官界を去り、昭和37年（1962）、88歳で永眠するまで『雪国の春』『海上の道』など多数の著作を刊行し、日本民俗学の発展に尽力した。

始まりは「お化話《ばけ》」

『遠野物語《とおのものがたり》』は、柳田國男《やなぎたくにお》と佐々《ささ》木《き》喜《き》善《ぜん》、水野葉舟《みずのようしゅう》の出会いによって誕生した。遠野出身の佐々木喜善が、友人の小説家・水野葉舟に連れられて柳田國男の家を訪ねたのは、明治四十一年（一九〇八）十一月四日のことだった。当時、柳田國男は三十三歳の宮内書記官、佐々木喜善は二十二歳の早稲田大学の学生であった。

佐々木喜善は遠野に伝わる不思議な伝承を語った。喜善の日記には〈学校から帰ってゐると水野が来て共柳田さんの処へ行った。お化話をして帰って〉と書かれており、怪異《かいい》譚《たん》を中心に語ったことがわかる。

喜善の話に強い関心を抱いた柳田は『遠野物語』を書くことを決意する。柳田の聞き書きは、毎月一回程度柳田の自宅で行われ、明治四十二

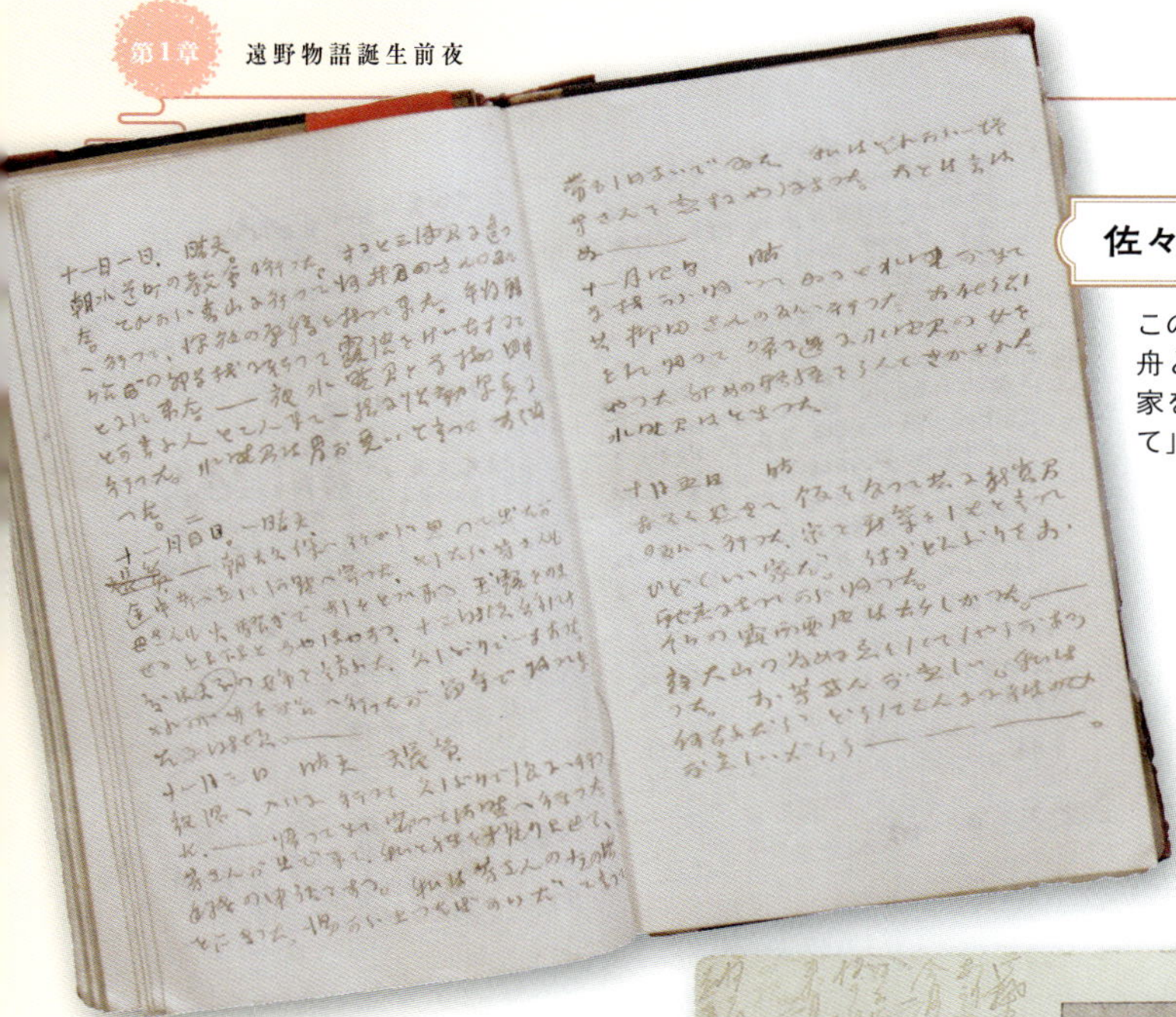

佐々木喜善の日記

この日の日記に、水野葉舟とともに柳田國男の家を訪ね、「お化話をして」と記されている。

佐々木家寄託資料

今月も来月もよろしく

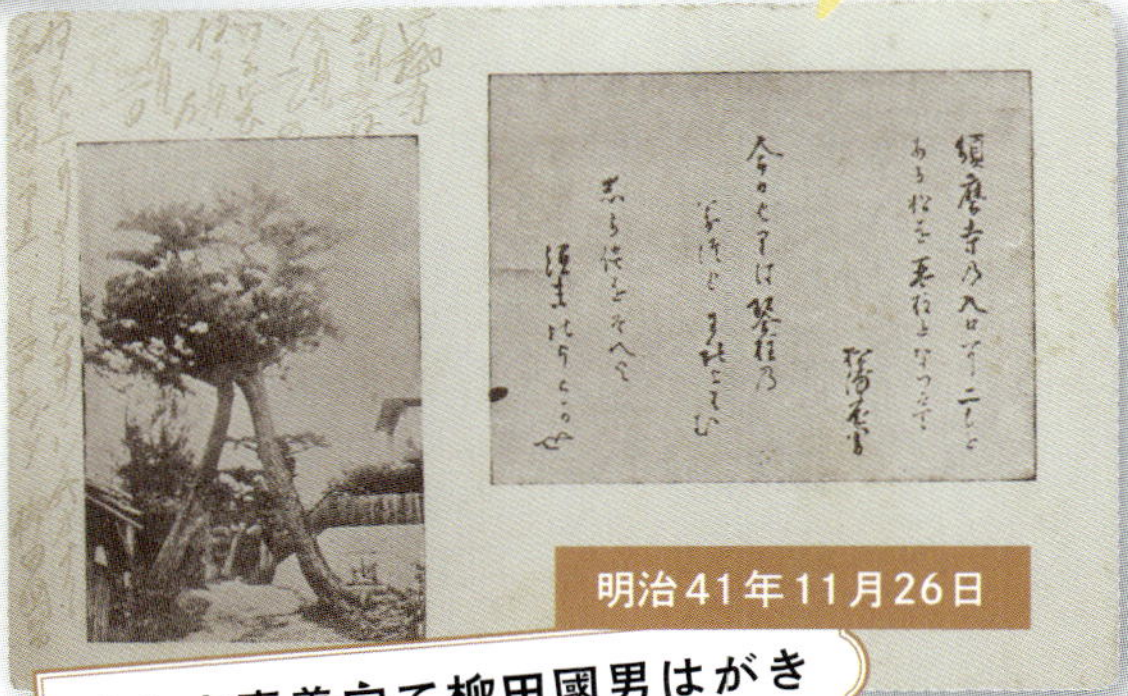

明治41年11月26日

佐々木喜善宛て柳田國男はがき

「今月も二日の日に御出ねがひ度候　来月も二日の夜にねがひ上候」とあり、柳田が定期的に聞き書きの機会を作っていたことがうかがえる。

佐々木家寄託資料

段々おくれ候…

佐々木喜善宛て柳田國男はがき

明治42年4月17日

4月21日の聞き書きのことと、「段々おくれ候故」とあることから、聞き書きが遅れていることに焦りを感じていることがわかる。宛名の佐々木繁は佐々木喜善のこと。

佐々木家寄託資料

年五月頃まで続いた。柳田は、自らの目で物語の原風景を確かめるため、その年の八月に初めて遠野を訪れた。

佐々木喜善と水野葉舟

水野葉舟（1883〜1947） 詩人、歌人、小説家。明治41年、佐々木喜善を柳田國男に引き合わせ、明治42年には自分も遠野の佐々木家を訪問し、現地での見聞を小説にしている。

佐々木喜善を柳田國男に引き合わせた水野葉舟。二人の出会いはこれより二年ほど前にさかのぼる。

明治三十九年（一九〇六）十月十七日の喜善の日記に「夜水野君を訪ふて十一時半まで話する。初対面なれど互に心打ち解けて話し、怪談初まる。雨頻《しき》りに降る」とある。たまたま同じ下宿に、新進作家として活躍を始めていた水野がいたのである。

水野は、喜善との出会いを「北国の人」という短編小説に書き、明治四十一年一月の『新小説』に発表した。水野と会った後も、喜善は遠野と東京を行き来し、作家仲間と親しい交際を続け、念願の小説を文壇に発表し始める。

このような文学活動を通して、泉鏡花《いずみきょうか》、三木露風《みきろふう》、北原白秋《きたはらはくしゅう》、前《まえ》田《だ》夕暮《ゆうぐれ》など後に作家として名を成した文学青年との交流も深まった。

佐々木喜善の日記

明治39年10月17日の喜善の日記。佐々木喜善は、水野葉舟と運命的な出会いをしている。

佐々木家寄託資料

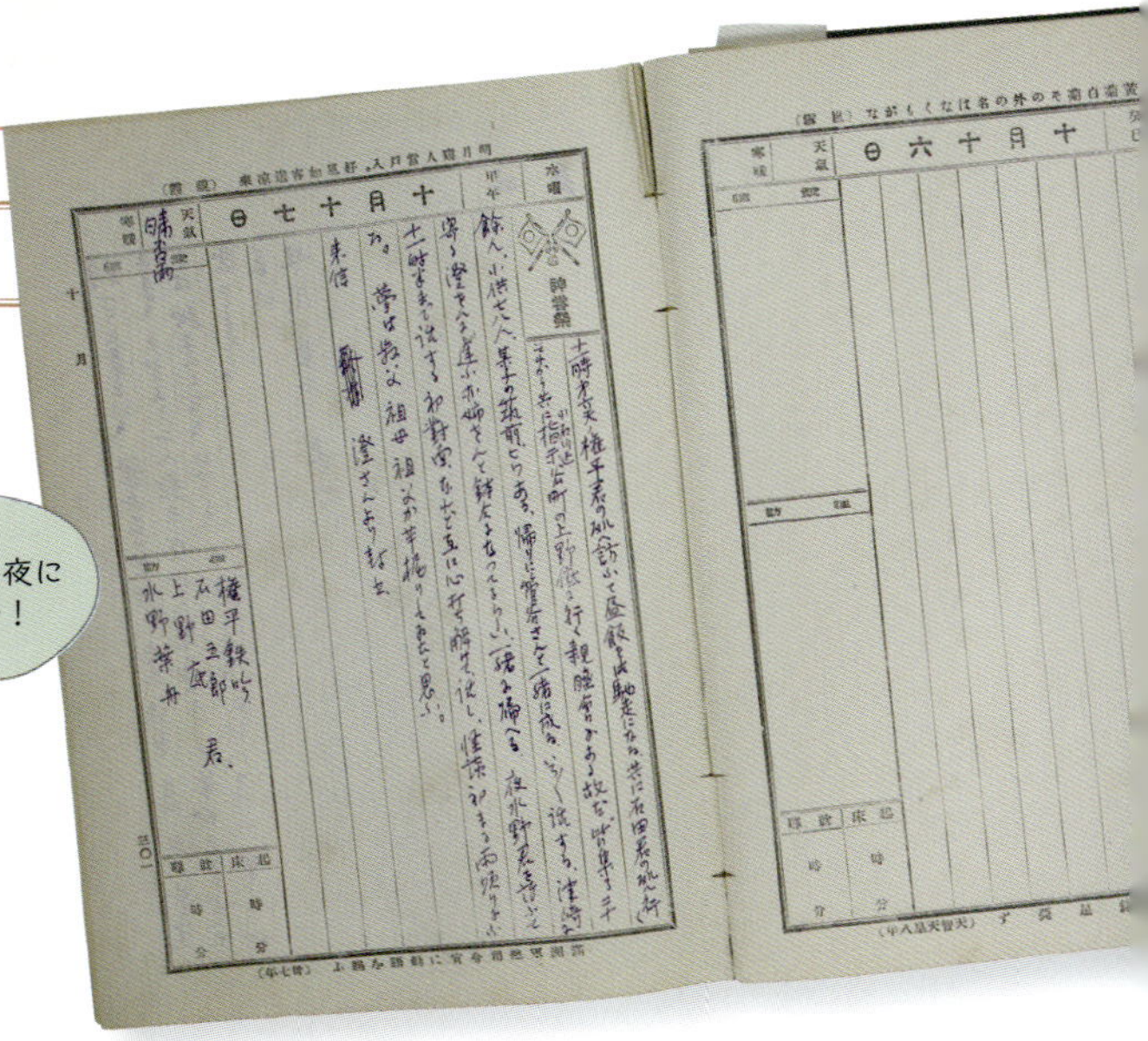

会談じゃないんだ
雨の降る夜に怪談…！

遠野にちなむ水野葉舟の小説

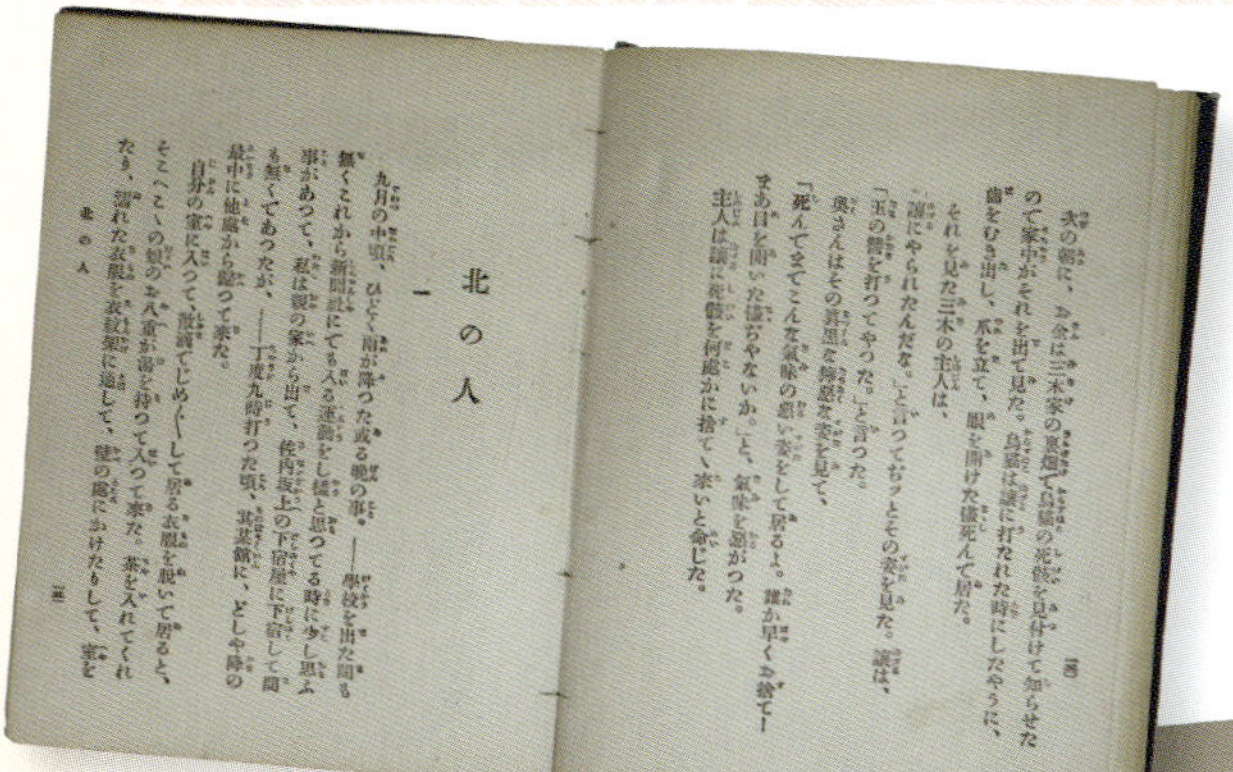

「北の人」

水野葉舟著　明治43年刊『葉舟小品』所収

喜善との出会いを書いた短編小説。明治43年に、「北国の人」から「北の人」と改題して『葉舟小品』に掲載された。

佐々木家寄託資料

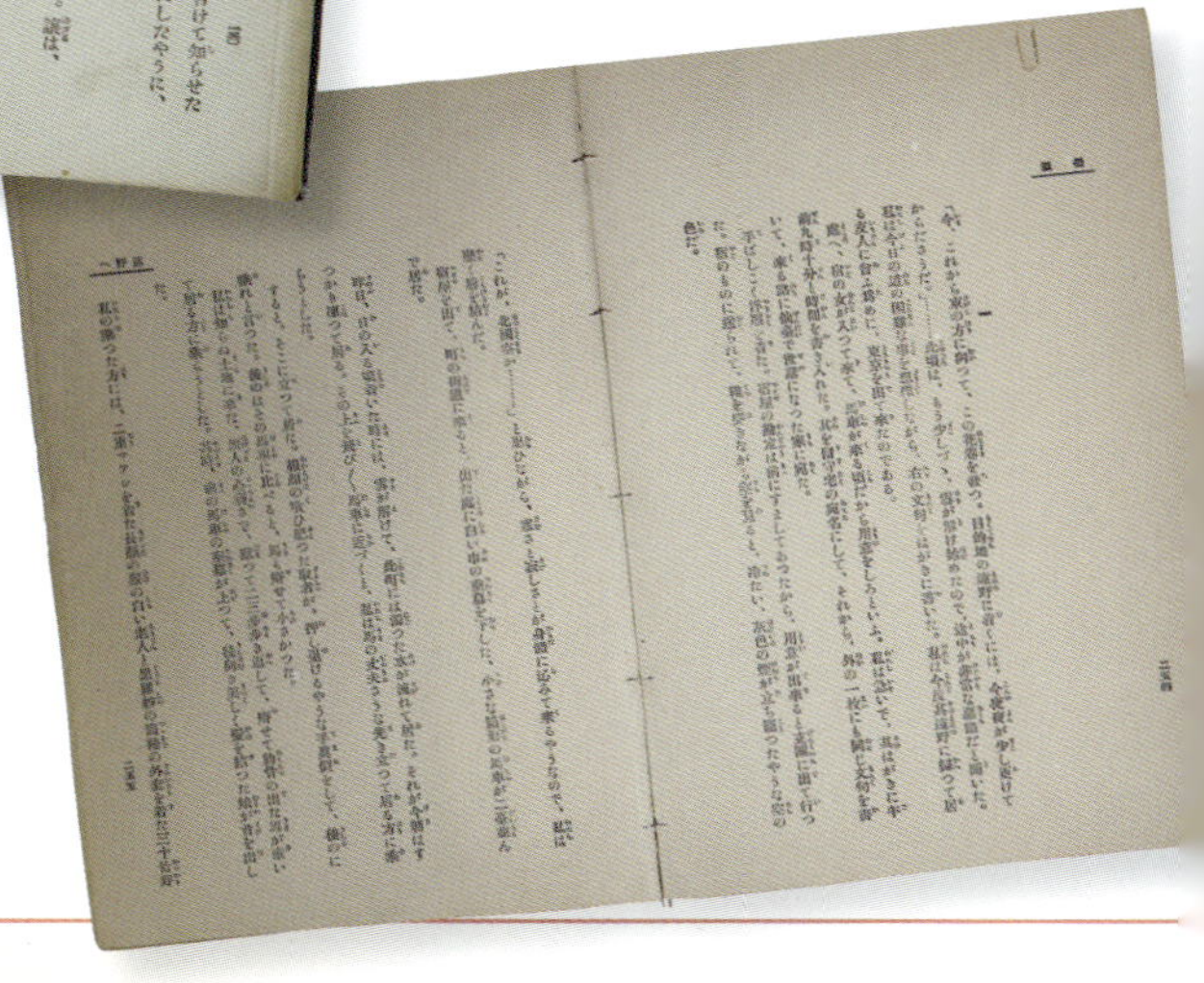

「遠野へ」

水野葉舟著　明治42年刊『微温』所収

水野葉舟が明治42年3月に遠野旅行をした時のことを書いた小説。花巻から遠野まで馬車に乗っていく様子が描かれている。

佐々木家寄託資料

柳田國男、遠野へ ―

大正時代頃の一日市《ひといち》通り

毎月1のつく日に市が開かれたのでこの名がある。遠野は北上高地最大の盆地で、江戸時代には遠野南部家1万2500石の城下町として栄えた。古くから内陸と沿岸を結ぶ交通の要衝として発展し、市がたつ日は「馬千匹、人千人の賑はしさ」であったと伝えられる。人びとの往来とともにモノや情報が集められ、後に『遠野物語』が著される素地となった。

柳田國男は、明治四十二年（一九〇九）八月に初めて遠野を訪れた。八月二十二日に上野駅を発ち、二十三日花巻駅に着いて駅前からの人力車で遠野へ向かい、夜に高善《たかぜん》旅館に到着した。

二十四日から二十七日まで馬を借りて遠野を巡り、佐々木喜善の家を訪ねたり、史跡や風俗、菅原神社の祭りを見聞し、台湾人類学者・伊能《いのう》嘉矩《かのり》（→26ページ）を訪ねて、古文書などを見て教えを受けた。この旅の様子は、『遠野物語』序文に詩情豊かに表現されている。

佐々木喜善生家

現在の遠野市土淵町山口に位置する。
昭和40年（1965）頃の撮影。

遠野の城下は則ち煙花《えんか》＊の街なり。馬を駅亭の主人に借りて独り郊外の村々を巡りたり。（略）路傍に石塔の多きこと諸国其《その》比を知らず。高処より展望すれば早稲《わせ》正《まさ》に熟し晩稲《ばんとう》は花盛にて水は悉《ことごと》く落ちて川に在り。稲の色合は種類によりて様々なり。

『遠野物語』序文より

＊華やかに賑わう街

柳田國男が宿泊した高善旅館

高橋善次郎が創始した旅館で、一日市町（現・中央通り）にあった。柳田國男は、明治から大正時代にかけて三度ほど遠野を訪れているが、いずれも高善旅館に宿泊した。明治、大正、昭和にわたり遠野を代表する旅館で、旅人や行商人、軍の将官たちが利用した。繭・生糸商・材木商・馬産事業も行っていたため使用人は多く、盛岡からも人を雇っていた。1階は主に家族の居住部分で、金銭を扱う帳場、常居（居間）、寝室として使った仏間や納戸があった。2階は客室となっていた。

柳田國男の宿泊した部屋

2階の角部屋は賓客用の部屋で、柳田國男や折口信夫、ネフスキーなど多くの民俗学者が宿泊した。現在は、とおの物語の館に移築、柳田が宿泊した明治から大正時代の頃の状態に再現されている。

台湾人類学者・伊能嘉矩との出会い

台湾館

伊能が自宅の離れを増築して開設した「台湾館」の様子。台湾から持ち帰った資料を公開していた。

台湾研究の先駆者、伊能嘉矩

伊能嘉矩（1867～1925）　台湾人類学者。郷里の遠野に帰ってからも、台湾研究を進めるかたわら、柳田國男や佐々木喜善、ネフスキーなどの民俗学者と交流し、『遠野物語』の成立にも影響を与えた。台湾研究の大著『台湾文化志』は、現在も国際的に評価が高い。写真は台湾にて撮影されたもの。 右の人物が伊能。

遠野と柳田國男のつながりを語る上で、欠かすことのできない人物が、伊能嘉矩だ。

伊能嘉矩は、慶応三年（一八六七）、遠野南部氏の城下町遠野に生まれた。明治二十六年（一八九三）、東京帝国大学の坪井《つぼい》正五郎《しょうごろう》から人類学を学び、明治二十八年、台湾に渡り、十年間にわたって台湾原住民の調査・研究を行った。

明治三十九年、台湾から郷里に帰った伊能嘉矩は、引き続き台湾調査資料の整理や執筆をするかたわら、鈴木重男らと「遠野史談会」を設立、南部氏の事績調査のほか、郷土の研究、民俗の調査研究にも取り組んだ。

また、自宅に離れを増築し「台湾《たいわん》館《かん》」と命名して、台湾から持ち帰った民俗資料の公開展示を行った。柳田國男やネフスキー、中道等《なかみちひとし》などの

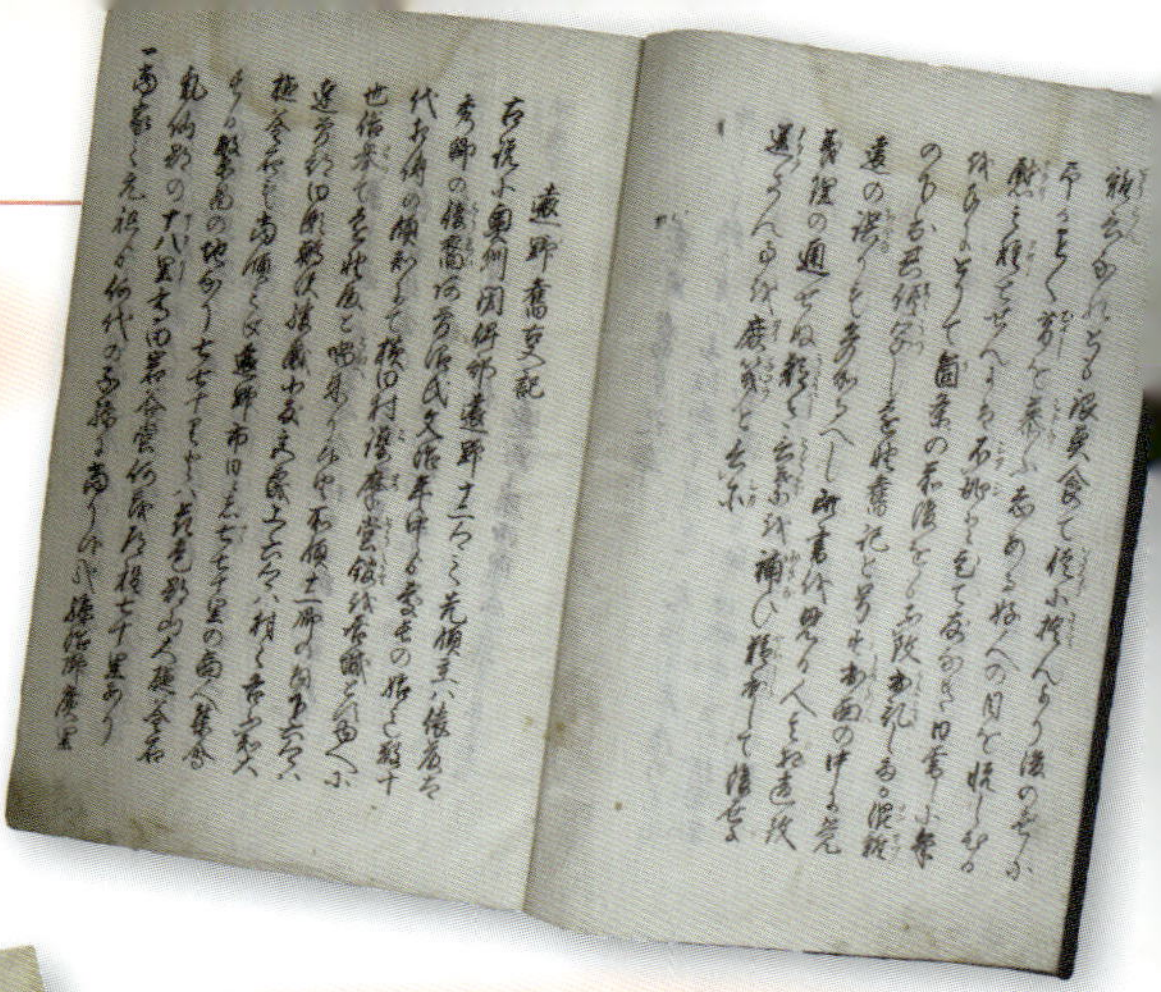

『遠野旧事記』

遠野南部家家臣・宇夫方広隆（うぶかたひろたか）が宝暦12年（1762）に書いた歴史書。宝暦13年に増補改訂し『遠野古事記』を刊行した。史伝・風俗・伝説・寺社の沿革が記されている。柳田國男が明治42年8月に遠野を訪れた際に伊能嘉矩から紹介されたという。本書には「市日には七七十里の旅人集合して商売繁盛の地なり」との記述があり、『遠野物語』第2話にその影響が見られる。

遠野市立博物館蔵

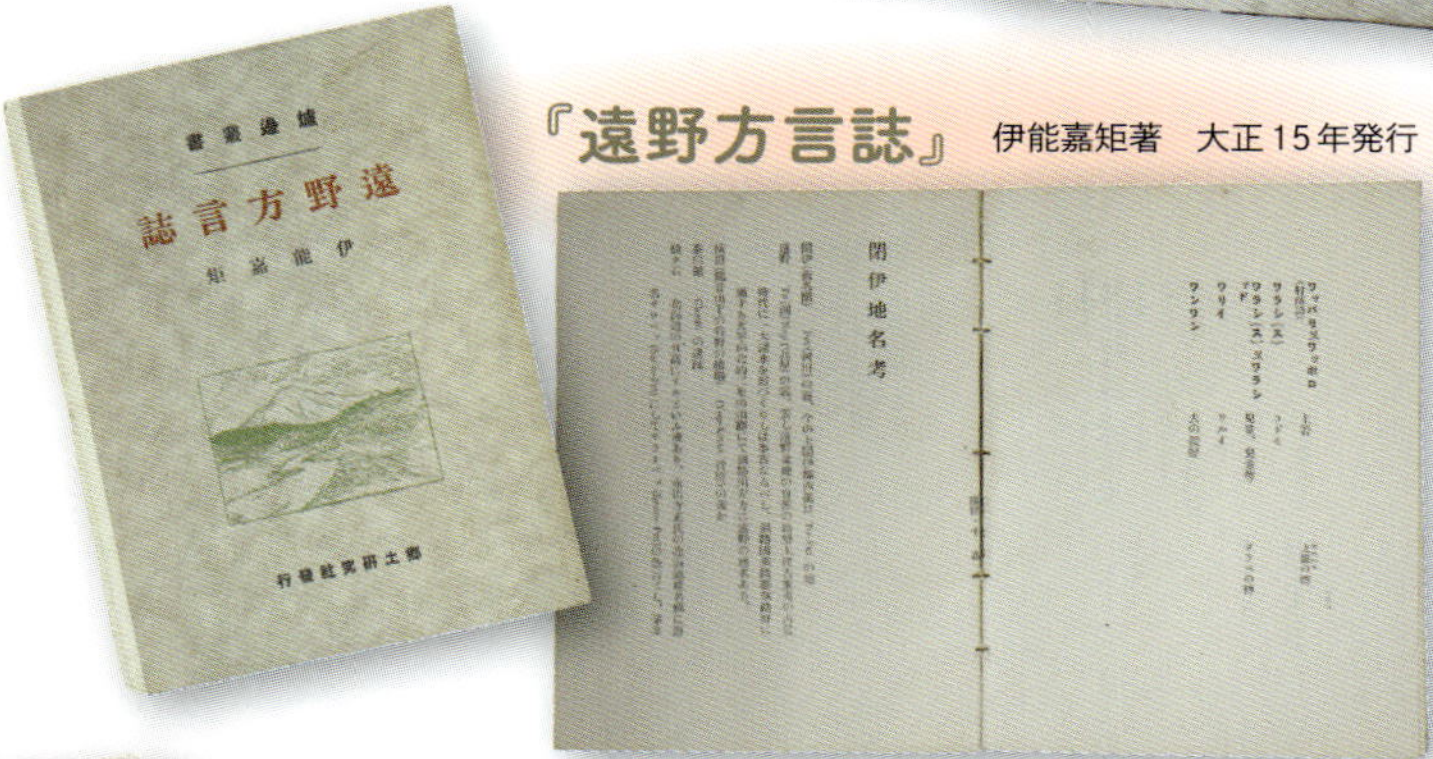

『遠野方言誌』　伊能嘉矩著　大正15年発行

遠野の地名をアイヌ語で解釈した「閉伊地名考」を所収。『遠野物語』にあるアイヌ地名についての柳田國男の知識は、伊能嘉矩から教えられたものであることがうかがえる。

遠野市立博物館蔵

『台湾文化志』

伊能嘉矩著　昭和3年刊

伊能嘉矩の没後、伊能の教えを受けた板沢武雄、福田徳三、柳田國男らによって出版された。台湾研究の大著として国際的に高く評価され、日本と台湾で復刻されている。

遠野市立博物館蔵

民俗学者との交流も広がり、書簡や学会誌掲載論文などを通して多くの研究者に影響を与えた。

特に明治四十二年、『遠野物語』出版の前年に遠野を訪れ、伊能と面会した柳田國男は「かかる山間の一盆地に我伊能氏の如《ごと》き、希有《けう》の篤学《とくがく》者《しゃ》を産するに至ったかといふことは、実は不審と名付けてもよい程の内心の驚愕《きょうがく》であった」（『台湾文化志』序文）と後に記したほど、人類学・歴史学・民俗学の先駆者と言うべき伊能を敬慕し、終生交流が続いた。

『遠野物語』の発刊

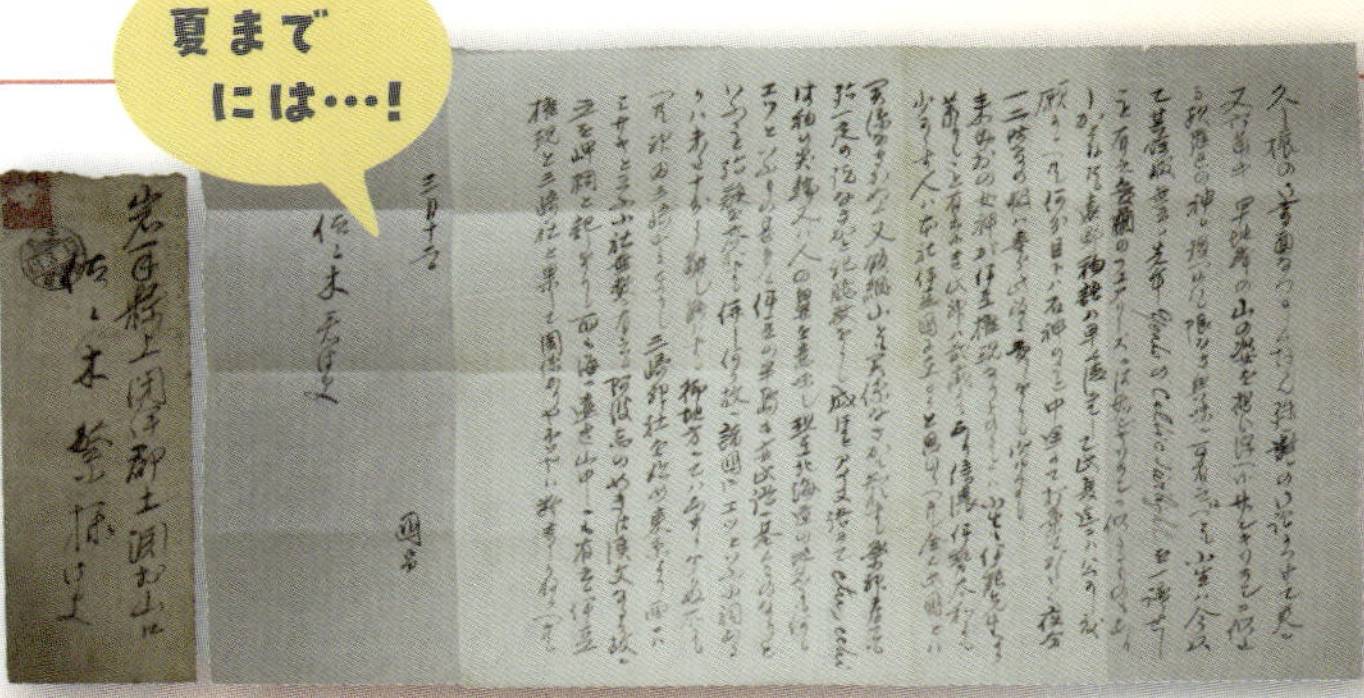

佐々木喜善宛て柳田國男書簡

明治43年3月12日

佐々木家寄託資料

柳田國男は、『遠野物語』を今夏までには出したいが『石神問答』も途中であるため暇がないことを嘆いている。その他、遠野と全国各地の伝説の共通点について自身の見解を述べている。書簡は『石神問答』に掲載されている。

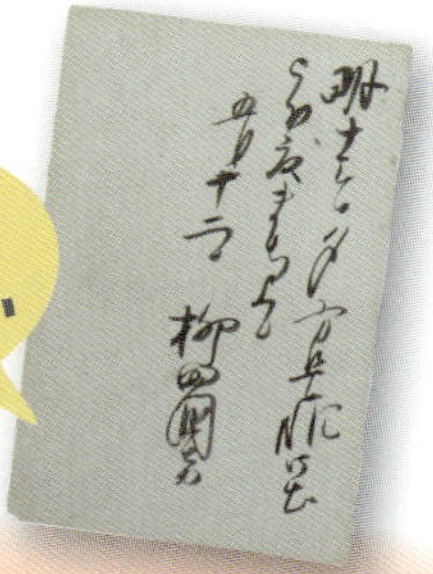

佐々木喜善宛て柳田國男はがき

明治43年5月12日

13日の夕方にぜひ来てもらいたいとのみ記されている。『遠野物語』の校了へ向けて、喜善の判断が欲しいことを表しているのだろう。

佐々木家寄託資料

初校

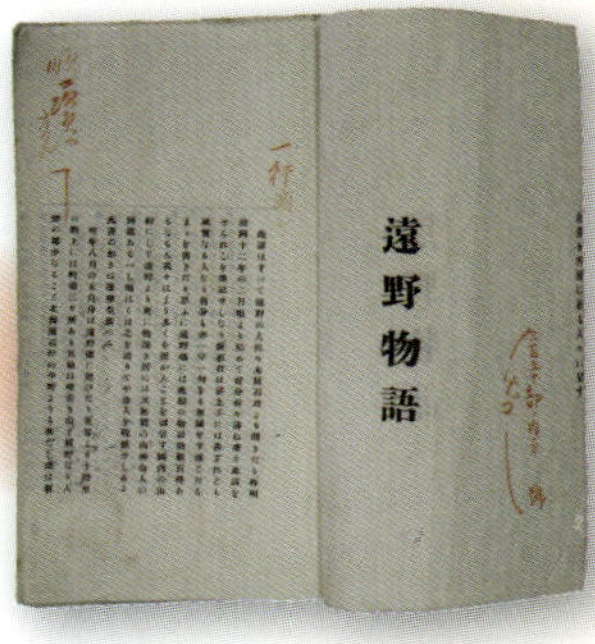

初校の校正刷りで、朱筆で訂正が書き込まれている。固有名詞を伏字にするなどの書き換えが見られる。

遠野市指定文化財／遠野市立博物館蔵

『遠野物語』は、明治四十三年（一九一〇）六月十四日に柳田國男の自費出版で三五〇部出版された。『遠野物語』の中表紙には一冊ごとに第三五〇号まで番号が振られているが、柳田は第一号を佐々木喜善に贈っている。第一号の扉には「御初穂ハ佐々木君ニ 國男」と毛筆で感謝を込めた献辞が書かれている。

柳田は、佐々木喜善以外の遠野の人には読まれたくなかったようで、『遠野物語』に記載された人名の及ぼす影響を心配していた。『遠野物語』を読んだ喜善は、その体裁は西洋の本のようであり、ハイカラだと喜んでいる。また書かれた話も西洋の物語でも見るような心地がするという一方で、再び村人から話を聞いた時と同じようだとも述べ、遠野や土淵村《つちぶちむら》が世の中に知れ渡ったと感謝している。

柳田國男自筆

遠野物語原稿
（毛筆草稿、ペン字原稿、初校）と桐箱

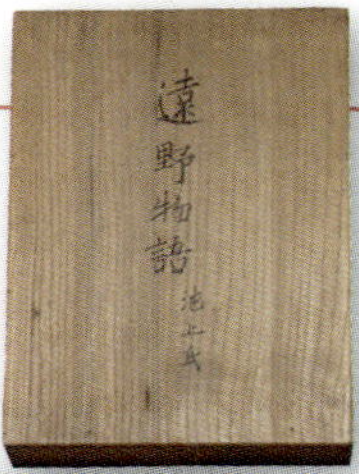

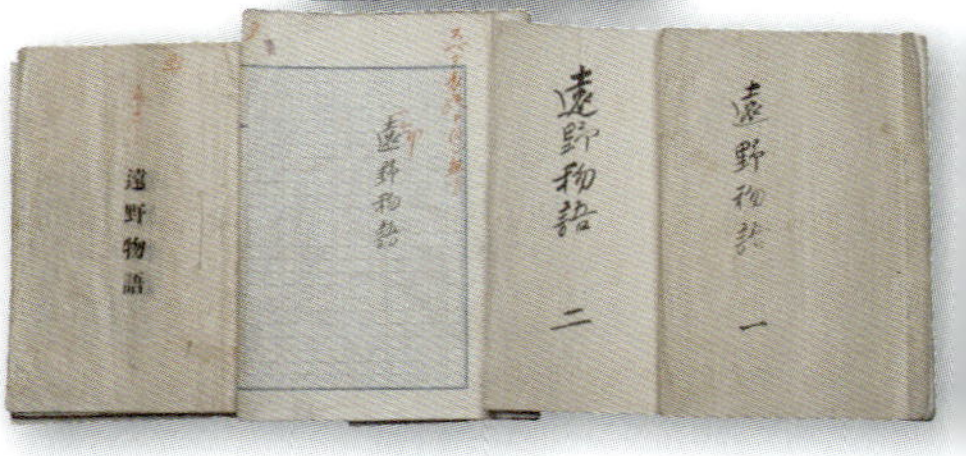

毛筆で書かれた草稿2冊、原稿用紙にペンで書かれた原稿1冊、朱筆で校正が書き込まれた初校1冊。長年にわたり池上隆祐（長野県松本市）が保管してきたが、平成3年（1991）、遠野市に寄贈された。桐箱は『遠野物語』原稿を保管するために池上隆祐が作ったもの。折口信夫（釈迢空）が箱書きをしており、表には「遠野物語　池上氏」と書かれている。

遠野市指定文化財／遠野市立博物館蔵

遠野が世の中に知れ渡った

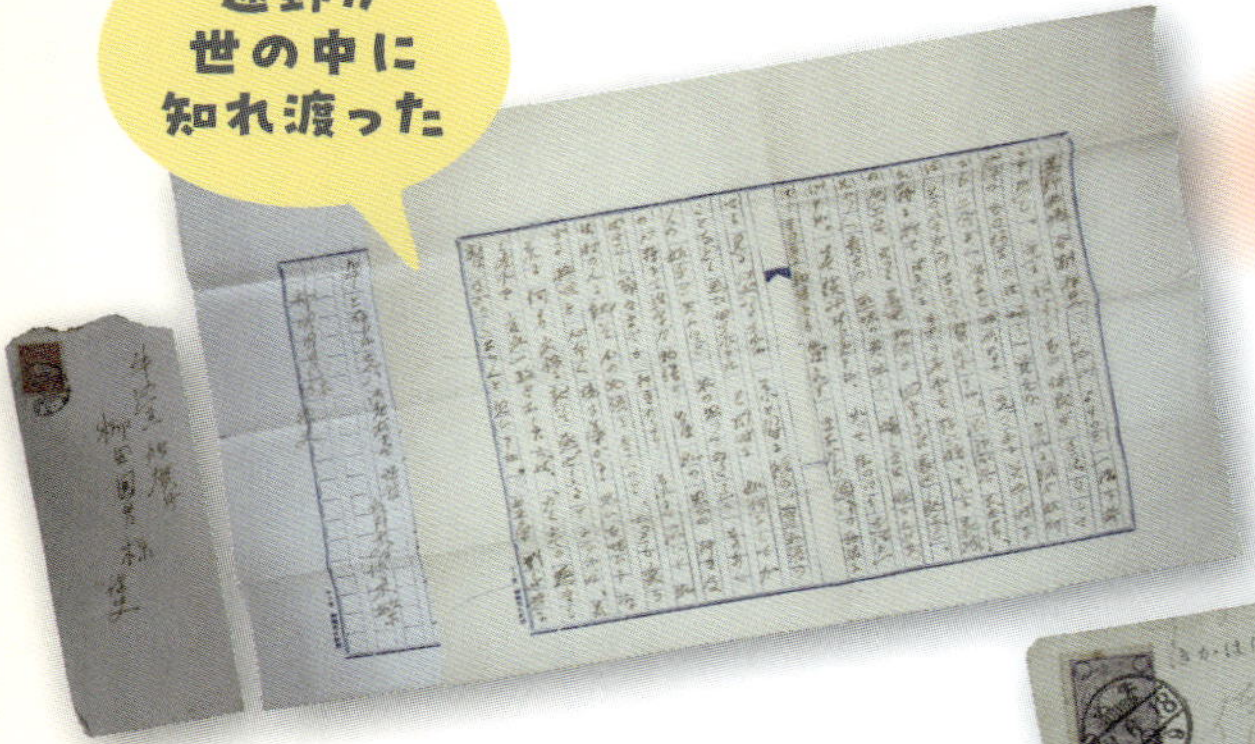

柳田國男宛て佐々木喜善書簡

明治43年6月18日

柳田國男から『遠野物語』を贈られた時の感動が書かれている。遠野や土淵村が世の中に知れ渡ったと感謝を述べている。

佐々木家寄託資料

『遠野物語』

柳田國男著　明治43年刊

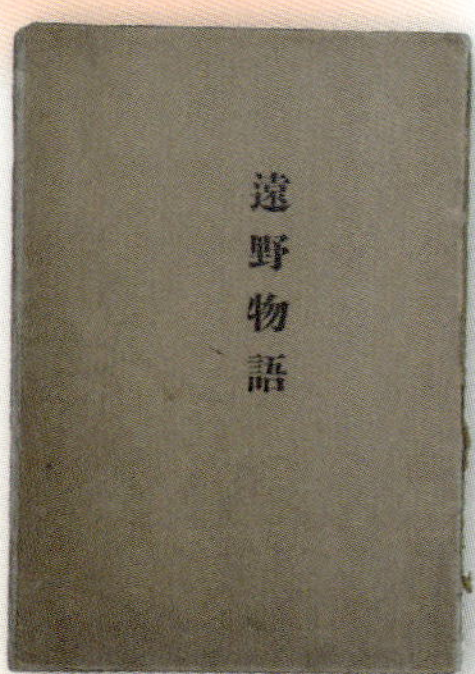

同時期に刊行された『後狩詞記』（明治42年）、『石神問答』（明治43年）とあわせて、日本民俗学の誕生を告げる、柳田國男の初期三部作と言われている。

遠野市立博物館蔵

遠野の人にはおくり申さず

佐々木喜善宛て柳田國男はがき

明治43年6月18日

「人名などは斟酌すること能はざりし故、わざと遠野の人には一冊もおくり不申」とある。柳田は、人名を伏せきれなかったのでその影響を恐れ、遠野の人には『遠野物語』は贈らないと言っている。

佐々木家寄託資料

遠野に伝わる不思議な話、神話、伝説、世間話などを一一九話にまとめた『遠野物語』は日本民俗学の誕生を告げる記念碑的な書となった。

『遠野物語』の評価

『遠野物語』初版の二〇〇部ほどは、知人の文学仲間や親族に贈呈された。柳田と親交があった幻想文学の先駆者・泉鏡花は〈近ごろ近ごろ、おもしろき書を読みたり。柳田国男氏の著、遠野物語なり。再読三読、なお飽くことを知らず（略）話題すべて一百十九。附馬牛《つきもうし》の山男、閉伊《へい》川の淵の河童《かっぱ》、恐しき息を吐き、怪しき水搔の音を立てて、紙上を抜け出で、眼前に顕《あらわ》るる。近来の快心事、類少なき奇観なり〉（泉鏡花著「遠野の奇聞」より）と山男や河童の怪異譚を引きながら大きな賛辞を贈っている。しかし、三五〇部のみ出版したものであり、文学者たちの一定の評価を得ながらも、一般読者には広く浸透しなかった。

『遠野物語』が一般読者に広く読まれるきっかけになったのは、昭和十年（一九三五）に佐々木喜善の遺稿「遠野《とおの》物語《ものがたり》 拾遺《しゅうい》」二九九話を加えた『遠野物語 増補版』が出版されたことである。

戦後に来た再評価とブーム

次いで戦後、昭和三十五年以後に『遠野物語』の再評価が始まる。三島由紀夫《みしまゆきお》は、『小説とは何か』で〈この中で私が、「あ、ここに小説があった」と三嘆これ久しうしたのは、「裾にて炭取にさわりしに、丸き炭なればくるくるとまわりたり」という件りである。ここがこの短い怪異譚の焦点であり、日常性と怪異との疑いようのない接点である。この一行のおかげで、わずか一頁の物語が、百枚二百枚の似非《えせ》小説よりも、はるかにみごとな小説となっており、人の心に永久に忘れがたい印象を残すのである〉と記し、日常生活にある炭取を、現実には存在しないはずの幽霊が回転させる描写は、「日常性と怪異との疑いようのない接点」として、怪異の表現に注目しながらその文学性を高く評価したのである。

加藤秀俊《かとうひでとし》・米山俊直《よねやまとしなお》の『北上の文化―新・遠野物語』（昭和三十八年）や吉本隆明《よしもとたかあき》の『共同幻想論』（昭和四十三年）といった『遠野物語』を題材にした本が評判となる。さらに昭和五十年、柳田國男生誕百年をきっかけに『遠野物語』がブームとなり、『遠野物語』関連本や遠野を紹介した写真入りの解説書が出版されるようになっていく。

遠野物語 増補版
柳田國男著
昭和10年刊
『遠野物語』119話、「遠野物語拾遺」299話を収録した。

第二章 遠野物語と怪異

黄昏時の遠野盆地

黄昏《たそがれ》に女や子供の家の外に出て居る者はよく神隠しにあふことは他《よそ》の国々と同じ。松崎村《まつざきむら》の寒戸《さむと》と云ふ所の民家にて、若き娘梨の樹の下に草履《ざうり》を脱ぎ置きたるまま行方を知らずなり、三十年あまり過ぎたりしに、或日親類知音の人々其《その》家に集りてありし処へ、極めて老いさらぼひて其女帰り来れり。如何《いか》にして帰って来たかと問へば人々に逢ひたかりし故帰りしなり。さらば又行かんとて、再び跡を留めず行き失せたり。其日は風の烈しく吹く日なりき。されば遠野郷の人は、今でも風の騒がしき日には、けふはサムトの婆《ばば》が帰って来さうな日なりと云ふ。

『遠野物語』八話より

東北各地の怪異《かいい》譚《たん》とゆかりの資料

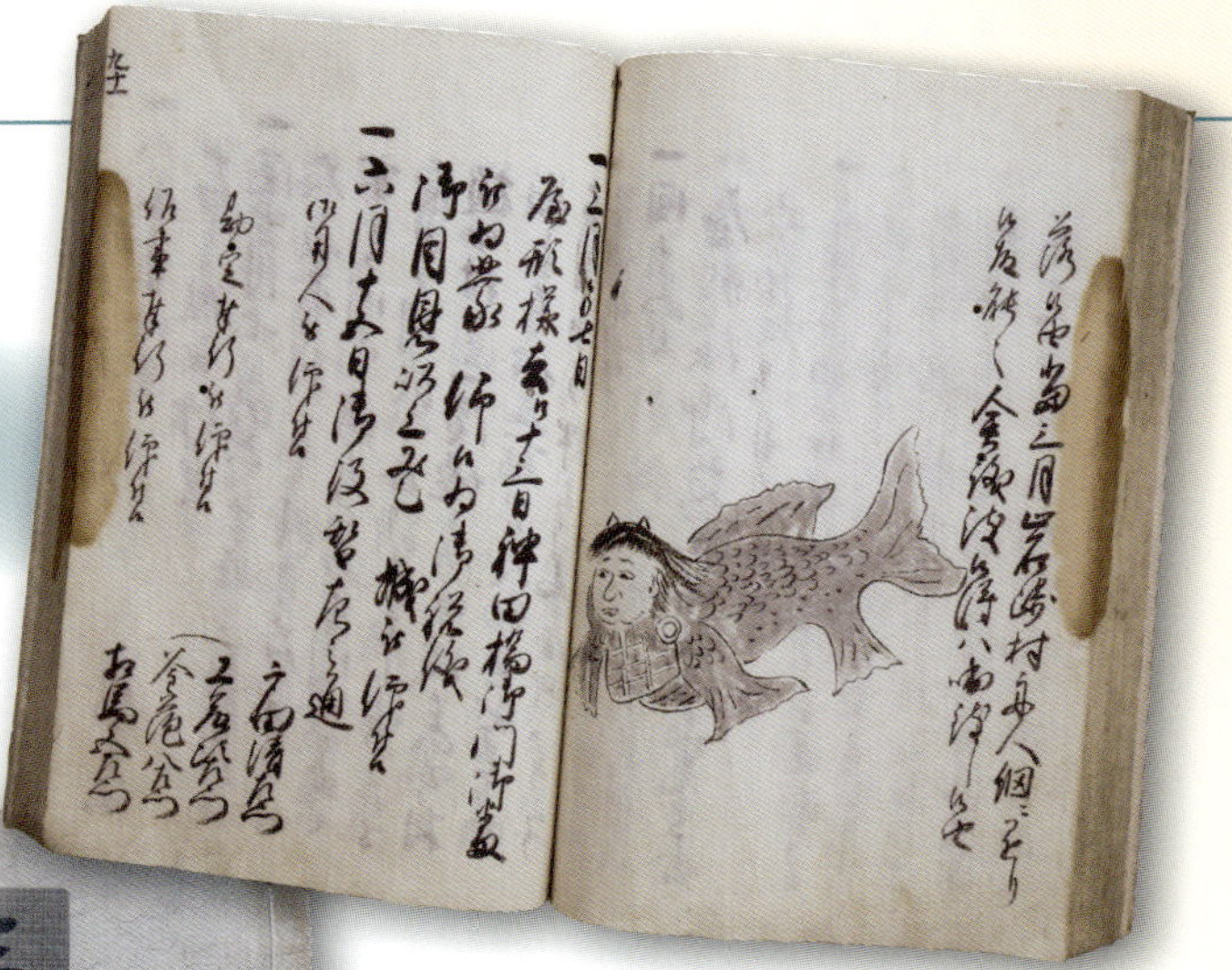

異形の魚

『三橋家日記』収録

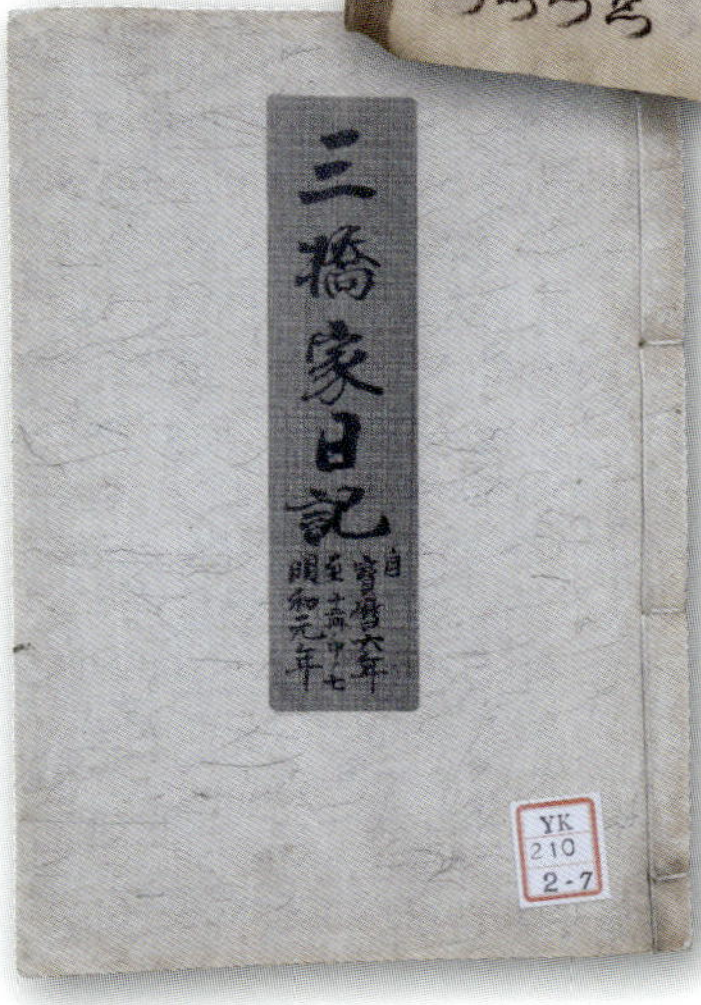

『三橋家日記』

宝暦7年（1757）3月下旬、外ヶ浜石崎村（現・青森県外ヶ浜町）の網に、人の顔と二つの角を持ち、胸に輪袈裟のようなものをかけた、全身が薄黒い異形の魚がかかり評判となった。これは江戸中期の医師・加藤曳尾庵（えいびあん）が『我衣（わがころも）　巻十四』で記録した「神社姫（じんじゃひめ）」と類似している。「神社姫」は文政2年（1819）、肥前国（現在の長崎県・佐賀県）の浜辺に現れた、二本角と人の顔を持つ全長2丈（約6メートル）の魚のようなもの。自らを龍宮よりの使者・神社姫と名乗り、「病がはやるが我の写し絵を見ればその難を逃れることができる」と告げ、豊年や疫病を予言したとされる。

「怪異」とは、現実にはありえないような不思議な事柄やそのさま、化物や妖怪を指すことばである。古代から様々な記録が残されており、奈良時代の『古事記《こじき》』や『日本書紀《にほんしょき》』には鬼や大蛇が記され、『続日本《しょくにほん》紀《ぎ》』宝亀《ほうき》八年（七七七）三月十九日条には「大祓《おおはらえ》。宮中にしきりに妖怪あるためなり」と記述され「妖怪」という言葉が初めて登場する。

平安時代中期の漢和辞書『和名《わみょう》類聚抄《るいじゅうしょう》』の人魚の項目には「魚身人面なるものなり」と記され、平安時代には人魚が知られていたことがわかる。また狐の項目には「狐能《よ》く妖怪をなす、百歳に至りて化けて女となるなり」と記されている。

河童《かっぱ》という言葉が最初に登場するのは室町時代に作られた辞書『下学《かがく》

明治7年（1874）5月、弘前（現・青森県弘前市）の新鍛冶町の東にある家で目撃された（右ページの図）。4枚の翼と4本の脚が反対になっていた。この雛は3日で死んでしまったという。同じような姿の雛が同年同月に鍛冶町河端町でも目撃された（左ページの図）。こちらは翼と脚の向きは反対になっていない。

禽《きん》部　四翼四脚の雀

平尾魯仙筆『異物図会』収録

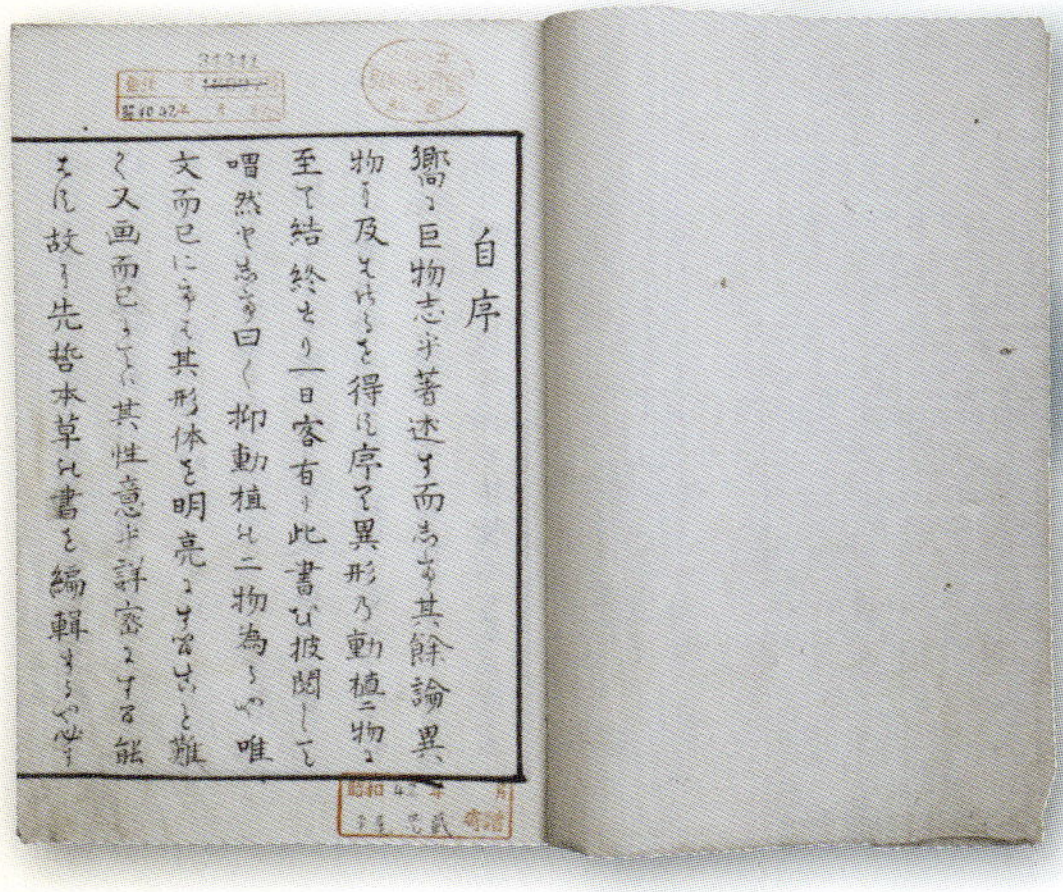

『異物図会』

明治20年代に、平尾魯仙が門弟たちを使って、幕末から明治初期にかけて津軽で出現した珍しい動植物を記録させたもの。魚・甲・獣・禽・虫・植の6つに分類して図入りで紹介している。

弘前市立弘前図書館蔵（この見開きすべて）

集《しゅう》』文安《ぶんあん》元年（一四四四）とされている。獺《かわうそ》の項には「獺老いて河童になる」との記述があり、河童には獺のイメージがあったことがわかる。

多くの図像が残された江戸時代

その後、江戸時代に入ると『※1和漢《わかん》三才図会《さんさいずえ》』正徳《しょうとく》二年（一七一二）が出版され、河童の図像を掲載した。これは日本で初めて河童を図像で紹介したものとされている。「川太郎」の項目には、西国九州の山間の渓谷に多くいると記載しており、猿をイメージしたような図が掲載されている。この他に図入りで人魚や猩々《しょうじょう》、貉《むじな》、魍魎《もうりょう》なども掲載されている。

妖怪や不思議な生き物たちは江戸時代には本草学《ほんぞうがく》（博物学）的な関心から注目を集め、書籍に図像がその特徴とともに掲載された。

儒学者《じゅがくしゃ》の古賀侗庵《こがどうあん》の『水虎考略《すいここうりゃく》』

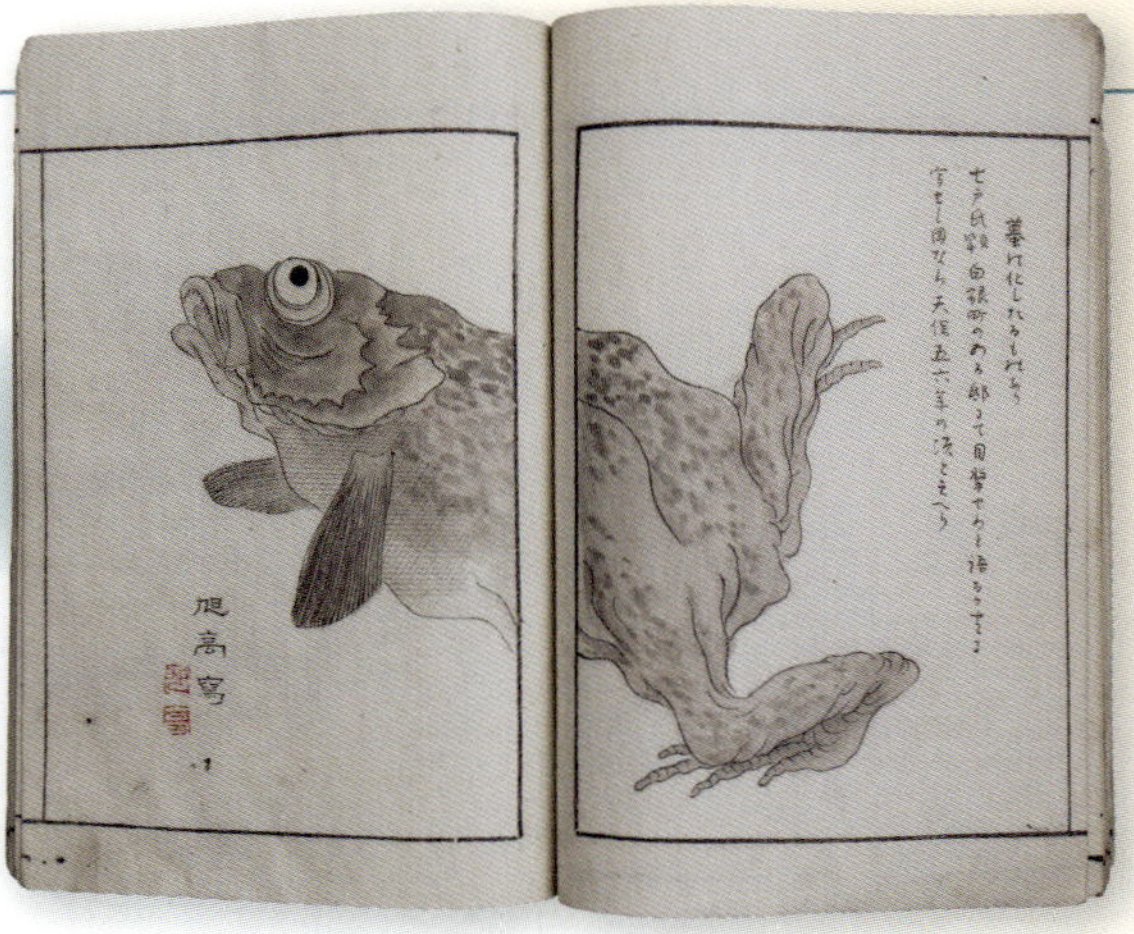

魚部　魚頭の蟇

平尾魯仙筆『異物図会』収録

天保5、6年（1834～1835）頃、弘前の白銀町の住宅で目撃された。

弘前市立弘前図書館蔵

魚部　全身にトゲのある魚

平尾魯仙筆『異物図会』収録

文政11年（1828）頃、蟹田村（現・青森県外ヶ浜町）付近の海で捕獲され、弘前の魚市に送られた。形は沙魚（はぜ）に似ており、全身に鋭いトゲがある魚。

弘前市立弘前図書館蔵

文政《ぶんせい》三年（一八二〇）には多くの河童の図像が記録とともに掲載されており、後の河童研究に影響を与えた（→56ページ）。

　江戸時代に弘前藩で刊行された『三橋家《みつはしけ》日記《にっき》』には宝暦《ほうれき》七年（一七五七）三月下旬、外ヶ浜石崎村（現・青森県外ヶ浜町）の網に、顔は人で、角が二つあり、胸に輪袈裟《わげさ》のようなものをかけ、全身が薄黒い異形の魚がかかり評判となった記録が残されている。

　また、十九世紀の弘前藩における平田国学の主要人物で、画人としても活躍した※2平尾魯仙《ひらおろせん》の『異物図会《いぶつずえ》』には幕末から明治初期にかけて津軽で出現した珍しい動植物が記録されており、四翼四脚の雀の図、魚頭の蟇《ひきがえる》の図、岩木山に出現した獅子《しし》頭《がしら》に似た頭を持つ虫の図などの異様な生物も描かれている。

虫部　川に流れていた虫

平尾魯仙筆『異物図会』収録

安政年間（1854～1860）2月、三ツ目内村（現・青森県大鰐町）の川に流れていた虫。長さ3尺（約90cm）、胴回りは6、7寸（約18～21cm）。手足はなく、体全体が千朶巻（せんだまき・槍や薙刀の茎が入る部分を籐や麻苧で隙間なく巻き、漆で塗り固めたもの）のように均等に刻みが連なるような形状をしていた。体の中は空洞で骨肉はなく、尾の先は6、7寸（約18～21cm）ほど二股に分かれており、体全体に脂膏（あぶら）が浮いているようであったという。

弘前市立弘前図書館蔵

なんとも
不気味…

虫部　岩木山で目撃された芋虫

平尾魯仙筆『異物図会』収録

千葉という人物の話をもとに写したもの。体全体は芋虫のごとく、太く短く、長さは2尺（約60cm）ばかり、廻りは1尺（約30cm）もあり、頭は子供の弄（もてあそ）ぶ獅子頭に似ている。目と口がとくに大きく、髪を被り、手足はなく、背に金色の鉄甲を重ね、口中は赤く、歯は上下とも甚だ鋭く、人に恐れる様子もなく、スルスルと草むらに潜っていったという。

弘前市立弘前図書館蔵

これまた
スゴイ迫力！

用語解説

和漢三才図会
※1 >>> P35

寺島良安により編纂された江戸時代中期の図説百科事典。西国九州の山間の渓谷に多くいると記載した「川太郎」は、日本で初めて河童を図像で紹介したものとされている。

国立国会図書館蔵

平尾魯仙　※2 >>> P36

1808～1880年。幕末・明治期の画家、国学者。陸奥弘前（現・青森県）に生まれ、画・俳諧・国学などを学ぶ。郷土の風物画を多く残した。

植部　霊芝《れいし》仏と黒百合

平尾魯仙筆『異物図会』収録

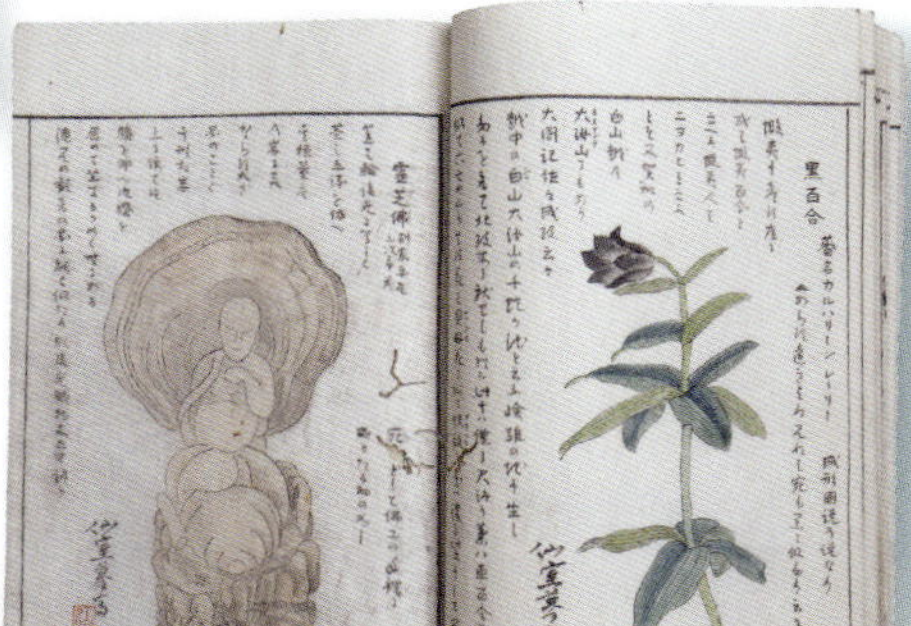

弘前市立弘前図書館蔵

左ページに霊芝仏の図、右ページに黒百合の図が掲載されている。霊芝仏は、著者の別家・平尾三次郎が所蔵していたもの。仏の姿をした霊芝で、笠は仏像の輪後光、根は台座、茎は5体を備えており、大きさは5寸ほど（約15cm）で仏師の手によるもののように見えると記述している。黒百合は蕃名（西洋名）カルハリーンレーリー、蝦夷（現・北海道）に産するため蝦夷百合ともいう。『太閤記』に、佐々成政が越中（現・富山県）の白山大汝山の千蛇が池という険峻の地に生えていた黒百合を取り、北政所に献上したとの故事を記している。

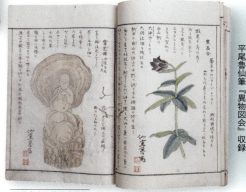

八戸藩の本草学標本コレクション

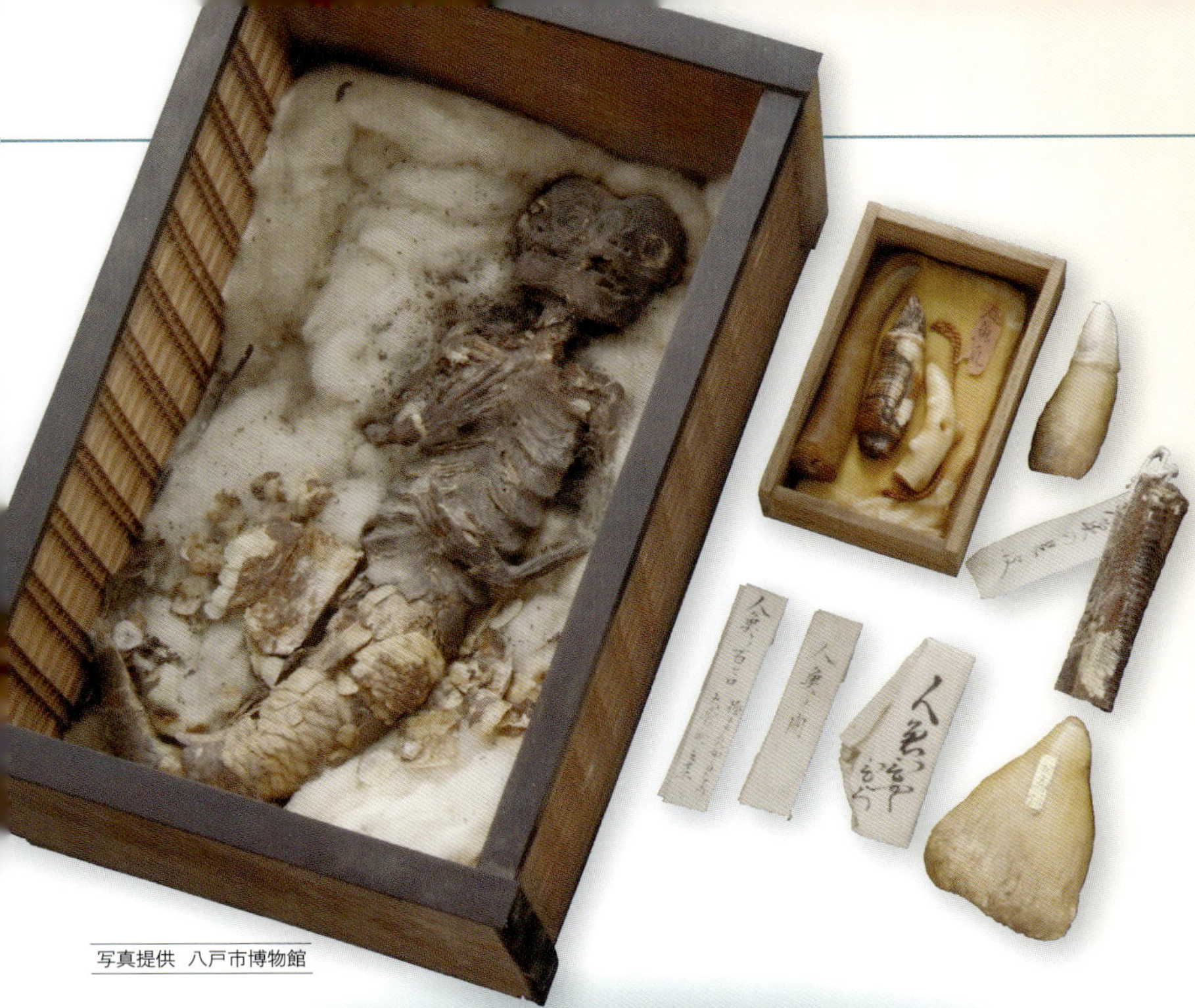

写真提供　八戸市博物館

双頭の人魚のミイラと人魚関係資料

人魚のミイラと人魚の足皮、爪、牙、肉など。人魚は食べると不老不死となるとされ、肉だけではなく骨にも薬効があるとされた。江戸時代中期の図説百科事典『和漢三才図会』には、オランダでは人魚の骨を解毒の薬としているとの記述がある。

八戸市博物館蔵（この見開きすべて）

八戸藩九代藩主・南部信順《なんぶのぶゆき》（一八一三〜一八七二）は、鹿児島藩八代藩主・島津重豪《しまづしげひで》の子で、天保九年（一八三八）に八戸藩八代藩主・南部信真《のぶまさ》の婿養子として迎えられ、天保十三年五月十一日、信真の隠居により家督を相続した。父・島津重豪は蘭癖《らんぺき》大名（蘭学を好む大名）の一人としてシーボルトらと交わり、『南山俗語考《なんざんぞくごこう》』『島津国史《しまづこくし》』などの編《へん》纂《さん》、造士館《ぞうしかん》・明時館《めいじかん》等の設立など文化事業を興し、商業政策にも積極的に取り組んだ人物である。

八戸藩の本草学標本コレクションに関する記録は残されていないため、八戸藩の誰が収集したものかはっきりとはわからないが、蘭学を学びシーボルトとも親交のあった父・島津重豪の影響を受けて蘭学や本草学に興味を持った信順の収集したもので

天狗《てんぐ》のミイラ

「日向州延岡産（現・宮崎県延岡市）天狗」の箱書きがある。

写真提供　八戸市博物館

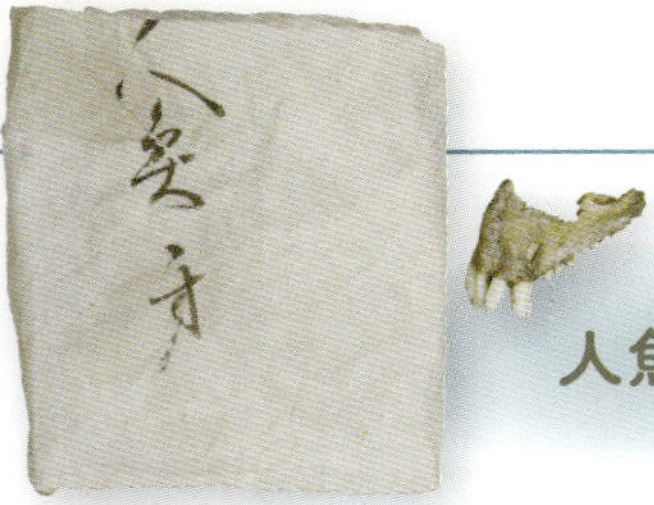

人魚の牙《きば》

動物の体内から出てくる「玉」や「石」は、薬として用いられたとされる。

猩々の玉

人魚も
薬なんだねぇ

すごい
コレクション！

龍の肝

龍の歯

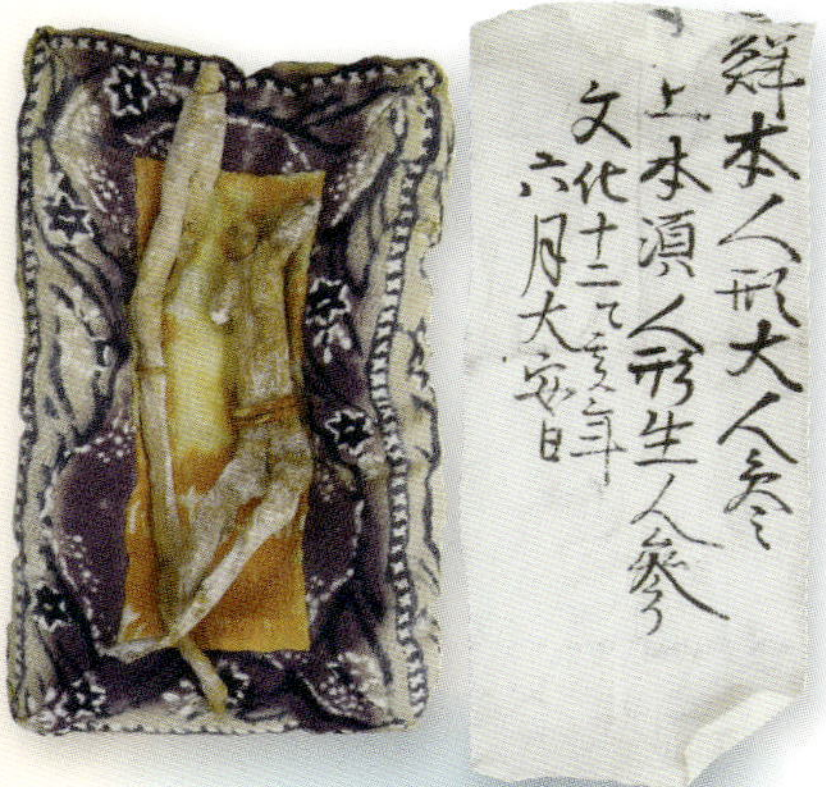

人形大人参

はないかと推測される。本草学は、中国古来の植物を中心とする薬物学で、日本には平安時代に伝わり、江戸時代に全盛となり、中国の薬物を日本産のものに当てる研究から博物学・物産学に発展した学問である。

八戸藩のコレクションには、生薬・鉱物のほか、人魚の肉や骨、「鮓荅《さとう》」「ケモノノタマ」などと呼ばれる動物の体内から出てくる「玉」や「石」、龍の骨など様々な標本が残されており、その学問的関心が広範囲にわたっていたことがわかる。

『遠野物語』に記された怪異

白望山（現・白見山）

白望山《しろみ》

白望の山に行きて泊れば、深夜にあたりの薄明るくなることあり。秋の頃茸《きのこ》を採りに行き山中に宿する者、よく此事《この》に逢ふ。又谷のあなたにて大木を伐り倒す音、歌の声など聞《きこ》ゆることあり。此山の大さは測るべからず。五月に萱《かや》を苅りに行くとき、遠く望めば桐《きり》の花の咲き満ちたる山あり。恰《あたか》も紫の雲のたなびけるが如《ごと》し。されども終《つい》に其《その》あたりに近づくこと能はず。曾《かつ》て茸を採りに入りし者あり。白望の山奥にて金の樋《とい》と金の杓《しゃく》とを見たり。持ち帰らんとするに極めて重く、鎌にて片端を削り取らんとしたれどそれもかなはず。又来んと思ひて樹の皮を白くし栞《しおり》としたりしが、次の日人々と共に行きて之を求めたれど、終に其木のありかをも見出し得ずしてやみたり。

『遠野物語』三三話より

『遠野物語』が誕生した明治時代末の遠野では、河童や天狗、ザシキワラシなどの話が現在の出来事として語られていた。狐や狸や猫といった身近な動物たちにも不思議な能力があると信じられており、特に年を経た動物は経立《ふったち》と呼ばれ、人びとに恐れられていた。『遠野物語』の序文の中で柳田國男はこれらの怪異譚を「目前の出来事」「現在の事実」と記している。

また、怪異と捉えられるような不思議な現象の中には、遭遇者が経験や知識に照らして河童や天狗、ザシキワラシ、狐や狸の仕業として説明できる現象がある一方、不思議な生物や物理現象（異常な音や光など）に遭遇した時、何の仕業か判断できず、恐怖や驚き、不思議に感じるような現象もある。『遠野物語』や民間伝承の中には、後者のような現象も数多く残されている。

飯綱

この飯綱使いはどこでも近年になって入って来た者の様にいっている。土淵村《つちぶちむら》でも某という者が、やはり旅人から飯綱の種狐を貰い受けた。そして表面は法華《ほっけ》の行者《ぎょうじゃ》となって、術を行うと不思議なほど当った。その評判が海岸地方まで通って、ある年大漁の祈《き》禱《とう》に頼まれて行った。浜の波打際に舞台をからくり、その上に登って三日三夜の祈禱をしたところが、魚がさっぱり寄って来ない。気の荒い浜の衆は何だこの遠野の山師《やまし》行者といって、彼を引担いで海へ投げ込んだが、ようやくのことに波に打上げられて、岸へ登って夜に紛れてそっと帰って来た。それから某は腹が立ち、またもう飯綱がいやになって、その種狐をことごとく懐中に入れ、白の饅頭笠を被って、家の後の小《こ》烏瀬《がらせ》川《がわ》の深みに行き、だんだんと体を水の中に沈めた。小狐共は苦しがって、皆懐から出て、笠の上に登ってしまう。その時静かに笠の紐を解くと、狐は笠と共に自然に川下へ流れてしまった。飯綱を離すにはこうするより外に、術はないものと伝えられている。

「遠野物語拾遺」二〇二話より

小烏瀬川（遠野市土淵町）

飯綱《いいづな》の剥製

遠野市立博物館蔵

昭和57年（1982）遠野市附馬牛町で捕獲されたもの。ニホンイイズナは、ネコ目の中では世界最小の種であるイタチ科イタチ属イイズナ種の亜種で、青森県と岩手県、秋田県に生息する。成獣の大きさは、体長がオスが約15～18cm、メスが約11～22cm。毛色は、下顎から腹部にかけては1年を通して白色。それ以外の部位の毛色は夏毛と冬毛で異なり、夏毛は褐色、冬毛は白色である。

早池峰山（遠野市附馬牛町）

早池《はやち》峰《ね》の七不思議

最近、宮守村《みやもりむら》の道者達が附馬《つきも》牛《うし》口から、早池峰山をかけた時のことである。頂上の竜ヶ馬場で、風袋を背負った六、七人の大男が、山頂を南から北の方へ通り過ぎるのを見た。何でもむやみと大きな風袋と人の姿であったそうな。同じ道者達がその戻り道で日が暮れて、道に踏み迷って困っていると、一つの光り物が一行の前方を飛んで道を照らし、その明りでカラノ坊という辺まで降りることが出来た。そのうちに月が上って路が明るくなると、その光り物はいつの間にか消えてしまったということである。

「遠野物語拾遺」一六六話より

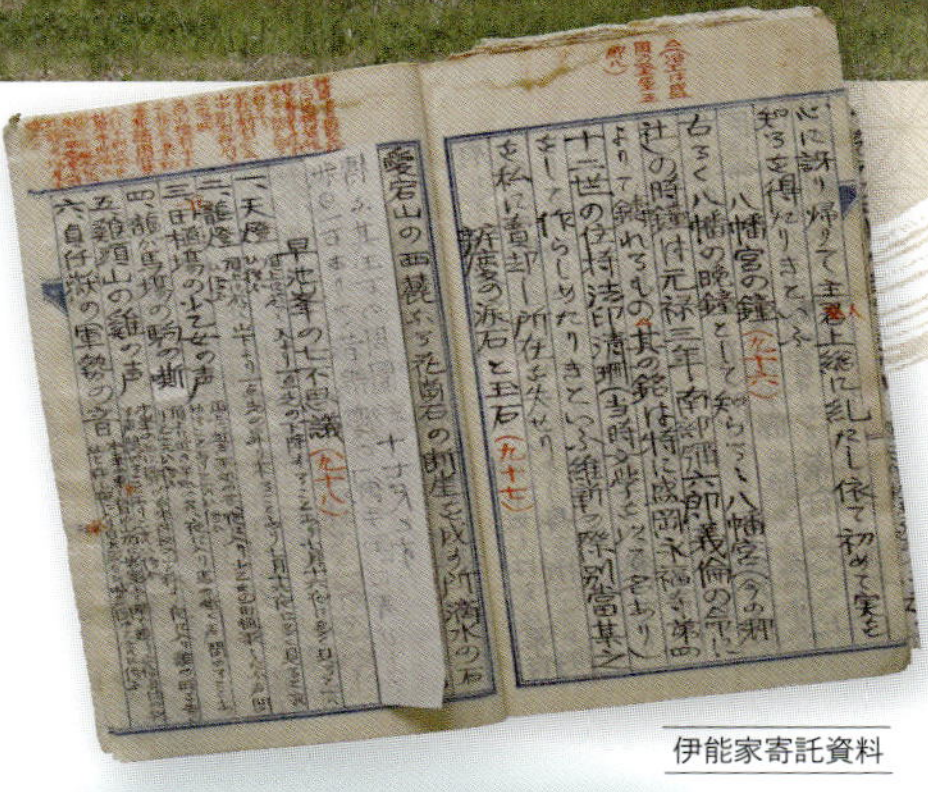

伊能家寄託資料

『遠野くさぐさ』収録
「早池峰の七不思議」

早池峰の七不思議

一、天灯
頂上に於いて天より一点光の下降することあり。七月一六夜に多く見ると言ひ伝ふ

二、龍灯
頂上に於いて山下より一点光の昇る来ることあり。七月一六夜に多く見ると言ひ伝ふ

三、御田植場の少《さ》乙女《おとめ》の声
頂上に近き平処の名。夜に入り少乙女の田植歌うたふ声聞ゆることありと言ひ伝ふ

四、龍が馬場の駒の嘶《いななき》
頂上に近き平処の名。夜に入り馬の嘶く声聞ゆることありと言ひ伝ふ

鍋倉山の光り物

「大正12年重要日誌」
大正12年（1923）～大正14年

伊能嘉矩が遠野の行事や出来事を記した手帳。大正13年「1月下旬光り物飛んで鍋倉山の方より下会下（しもえげ）十王堂の辺りに消ゆとの情報を伝う」との記述がある。

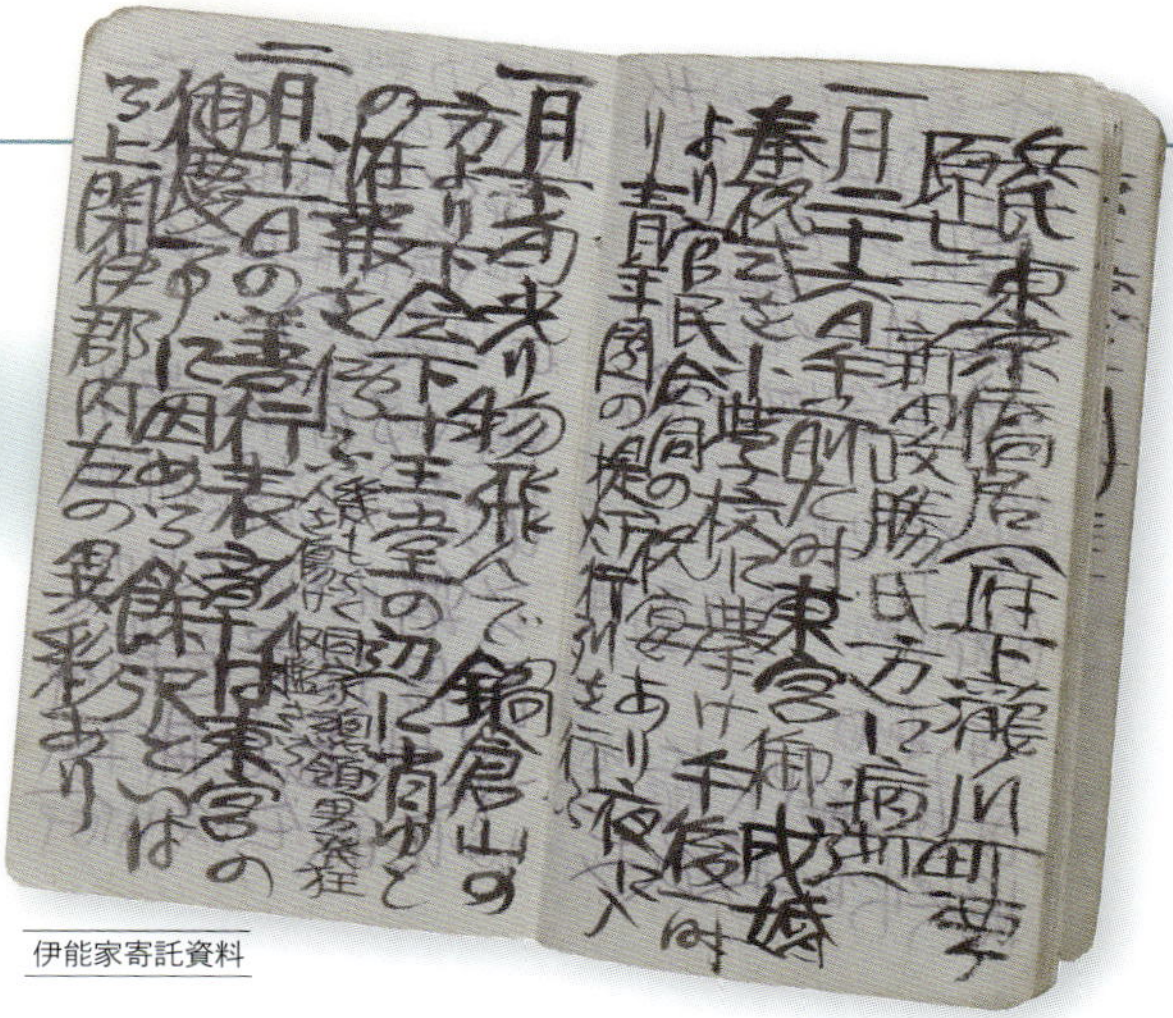

伊能家寄託資料

鳴釜

遠野一日《ひと》市《いち》の作平という家が栄えだした頃、急に土蔵の中で大釜が鳴り出し、それが段々強くなって小一時間も鳴っていた。家の者はもとより、近所の人たちも皆驚いて見に行った。それで山名という画工を頼んで、釜の鳴っている所を絵に描いて貰って、これを釜鳴神といって祭ることにした。今から二十年余り前のことである。

「遠野物語拾遺」九三話より

遠野市立博物館蔵

鳴釜

一日市の作平ゆかりの大釜

五、鶏頭山の鶏の声

本峯の西に聳《そび》ゆ。古来神秘の山と称す。夜に入り鶏の時を告ぐる声聞ゆることありと言ひ伝ふ

六、貞任岳の軍勢の音

本峯の東北に聳ゆ。山頂に岩窟あり、攀《よじ》り難し。安倍貞任の拠址と称し、夜に入り陣貝太鼓及び喊声聞ゆと言ひ伝ふ

七、下退の者は帰る途を知らず

全山の岩石の面に矮松叢生《そうせい》し宛《あたか》も緑氈《りょくせん》を布《し》くに疑ふ。登る者この景にあこがれ、降りる者またこの景にあこがれ、必ず登時に踏む所の途を失ふに至ると言ひ伝ふ

『遠野くさぐさ』第一束より

子供等が恐れて近寄らぬ場所

村々には諸所に子供等が怖れて近寄らぬ場所がある。土淵村の竜ノ森もその一つである。ここには柵に結われた、たいそう古い栃《とち》の樹が数本あって、根元には鉄の鏃《やじり》が無数に土に突き立てられている。鏃は古く、多くは赤く錆《さ》びついている。この森は昼でも暗くて薄気味が悪い。中を一筋の小川が流れていて、昔村の者、この川で岩魚《いわな》に似た赤い魚を捕り、神様の祟《たた》りを受けたと言い伝えられている。この森に棲むものは蛇の類なども一切殺してはならぬといい、草花の様なものも決して採ってはならなかった。人もなるべく通らぬようにするが、余儀ない場合には栃の樹の方に向かって拝み、神様の御機嫌に障《さわ》らぬ様にせねばならぬ。先年死んだ村の某という女が生前と同じ姿でこの森にいたのを見たという若者もあった。また南沢のある老人は夜更けにこの森の傍を通ったら、森の中に見知らぬ態《なり》をした娘が二人でぼんやりと立っていたという。竜ノ森ばかりではなく、この他にも同じ様な魔所と言われる処がある。土淵村だけでも熊野ノ森の堀、横道の洞、大洞《おおほら》のお兼塚など少なくないし、また往来でも高室《たかむろ》のソウジは怖れて人の通らぬ道である。

「遠野物語拾遺」一二四話より

山口《やまぐち》の寶龍権現《ほうりょうごんげん》と竜ノ森
（遠野市土淵町）

山口集落の奥の林の中には雷神を祀った寶龍権現があり、社の裏手には水路がある。

熊野の森の堀（遠野市土淵町）

熊野権現の隣接地には中世の館跡があり、現在でも堀の跡が残っている。

高室のソウジ（遠野市土淵町）

ソウジは草地（そうち）が訛った言葉で、当時この道は土淵町高室から山口のデンデラノ（→112ページ）に続く草地であったという。

寶龍権現全景（遠野市土淵町）

ホウリョウとは雷神のことで、かつて雷が落ちた場所に祀られたという。

字栃内《とちない》林崎《はやしざき》にある宝竜ノ森も同じ様な場所である。この森の祠《ほこら》は鳥居とは後向きになっている。森の巨木には物凄く太い藤の蔓《つる》が絡《から》まり合っており、ある人が参詣した時、この藤がことごとく大蛇に見えたともいわれる。佐々木君も幼少の頃、この祠の中の赤い権現頭を見て、怖ろしくて泣いたのをはっきり憶えていると言う。

「遠野物語拾遺」一二五話より

寶龍権現内部

権現様

佐々木喜善が幼少の頃、恐ろしくて泣いたとされる権現頭。

人の行くことを禁ぜられた場所「トンノミ」

トンノミにある池（遠野市上郷町）

上郷村《かみごうむら》字細越《ほそごえ》のあたりと思うが、トンノミという森の中に古池がある。故伊能先生は、鳥海とあてるのだと言われ、よくこの池の話をした。ここも昔から人の行くことを禁ぜられた場所で、ことに池の傍に行ってはならなかった。これを信ぜぬ者が森の中に入って行ったところが、葦毛《あしげ》の駒に跨《またが》り衣冠《いかん》を著《つ》けた貴人が奥から現われて、その男はたちまち森の外に投出された。気がついて見れば、ずっと離れた田の中に打俯《うつぶ》せになっていたという。もう今ではそんなことも無くなったようである。

「遠野物語拾遺」三六話より

白山姫神の石碑（遠野市上郷町）

トンノミの前の社には白山姫神の石碑が建立されている。

二郷《ふたごう》山の怪

二郷明神の傍らの沢
（遠野市綾織町）

このあたりの沢には稀に人目に見える沼があるという。

綾織《あやおり》から小友《おとも》に越える小友峠には祠が祀《まつ》ってあるが、このあたりの沢には稀《まれ》に人目に見える沼があるという。その沼には、海川に棲む魚の種類はすべていると伝えられている。もしこの沼を見た者があれば、それがもとになって病んで死ぬそうである。

「遠野物語拾遺」三七話より

綾織村の一七歳になる少年、先頃お二子山に遊びに行って、不思議なものが木登りをするところを見たといい、このことを家に帰って人に語ったが、間もなく死亡したということであった。

「遠野物語拾遺」一六五話より

欠《かけの》ノ上《うえ》稲荷神社

安政《あんせい》の頃というが、遠野の裏町に木下鵬石という医師があった。ある夜家族の者と大地震の話をしていると、更《ふ》けてから一人の男が来て、自分は遊田《ゆだ》家の使いの者だが、急病人が出来たから来て戴きたいと言うので、さっそくその病人を見舞って、薬をおいて帰ろうとすると、その家の老人から、これは今晩の謝儀だと言って一封の金を手渡された。翌朝鵬石が再び遊田家の病人を訪ねると、同家では意外の顔をして、そんな覚えはないと言い、病気の筈《はず》の人も達者であった。不思議に思って家に帰り昨夜の金包みを解いてみると、中からは一朱金二枚が現われた。その病人は恐らく懸《かけ》ノ稲荷様であったろうと、人々は評判したそうである。

「遠野物語拾遺」一八八話より

欠ノ上稲荷神社（遠野市遠野町）

遠野市遠野町杉山に鎮座し、祭神は倉稲魂命（うかのみたまのみこと）である。文禄年間（1592～1596）頃に石巻日和山の稲荷社を勧請したとされる。当初は杉山の中腹に安置したが、享保12年（1727）に現在地に移した。

二郷山と小友峠入口（遠野市綾織町）

二郷明神

この山にはかつてキャシャという妖怪がおり、
死人を掘り起こして喰うとされていた。

笠通山（遠野市綾織町）

笠通山《かさのかようやま》のキャシャ

綾織村から宮守村に越える路に小峠《ことうげ》と言う処がある。その傍の笠の通《かよう》と言う山に、キャシャというものがいて、死人を掘起してはどこかへ運んで行って喰うと伝えている。また、葬式の際に棺を襲うとも言い、その記事が遠野古事記《とおのこじき》にも出ている。その怪物であろう。笠の通の附近で怪しい女の出て歩くのを見た人が、幾人もある。その女は前帯に赤い巾著《きんちゃく》を結び下げているということである。宮守村の某と言う老人、若い時にこの女と行逢ったことがある。かねてから聞いていた様に、巾著をつけた女であったから、生捕って手柄にしようと思い、組打ちをして揉合《もみあ》っているうちに手足が痺《しび》れ出して動かなくなり、ついに取遁《とりにが》してしまったそうな。

「遠野物語拾遺」一一三話より

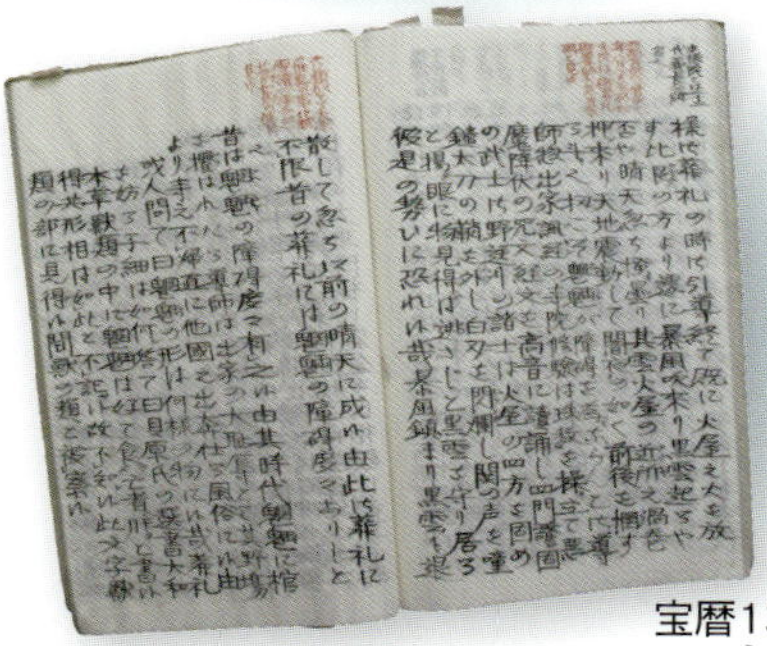

『遠野古事記』（伊能嘉矩写本）

伊能家寄託資料

宝暦13年（1763）
遠野南部家家臣　宇夫方広隆《うぶかたひろたか》著

全3巻からなっており、上巻には史伝、中巻には風俗・伝説、下巻には寺社の沿革を記述している。『遠野古事記』では魍魎《もうりょう》に「クハシャ」とルビ振りしており、次のような内容を記述している。〈昔は、魍《クハ》魎《シャ》のさわりが度々あって、魍魎《クハシャ》に棺をさらわれた導師は、僧としての大恥辱として、その野場から寺に帰らないで、直ちに他国に出奔しなければならなかったと言う風俗だったらしい。ある人が問うて言うに、魍《クハ》魎《シャ》の形はどんなものか、また葬礼を邪魔するわけはどうか。答えて言うに、貝原氏の選書大和本草獣類の中に、魍魎《クハシャ》は好んで死者の肝を食う、と書いてあるが、形については書いてないのでわからない。魍魎《クハシャ》の字は獣類のところにあったから、獣の種類かと思われる。〉「クハシャ（キャシャ）」は「火車」と表記される妖怪であろう。火車《かしゃ》は墓場や葬儀の場から死体を奪うとされ、全国に伝承がある。

第三章
遠野物語と妖怪

小正月の夜、又は小正月ならずとも冬の満月の夜は、雪女が出でて遊ぶとも云ふ。童子をあまた引連れて来ると云へり。里の子ども冬は近辺の丘に行き、橇遊《そりっこあそび》をして面白さのあまり夜

になることあり。十五日の夜に限り、雪女が出るから早く帰れと戒めらるるは常のことなり。されど雪女を見たりと云ふ者は少なし。

『遠野物語』一〇三話より

小正月の夕暮れ

撮影　浦田穂一

多種多様な妖怪たち

鳥山石燕の妖怪画集の一つ。「雲」「霧」「雨」の三部構成となっており、50種類の妖怪が紹介されている。本作で描かれている妖怪には、実際の伝承にあるものではなく、石燕が創作したものも多く含まれている。

今昔《こんじゃく》百鬼《ひゃっき》拾遺《しゅうい》

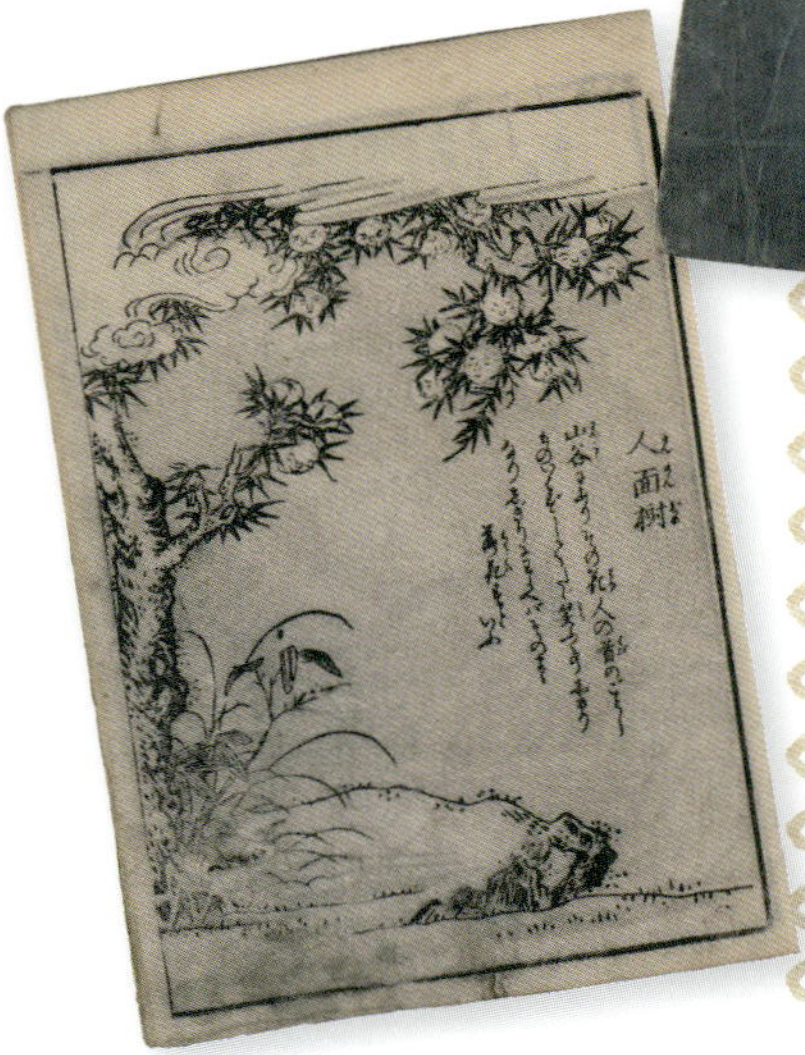

人面樹。人の首のような花をつけ、問いかけると笑うという。

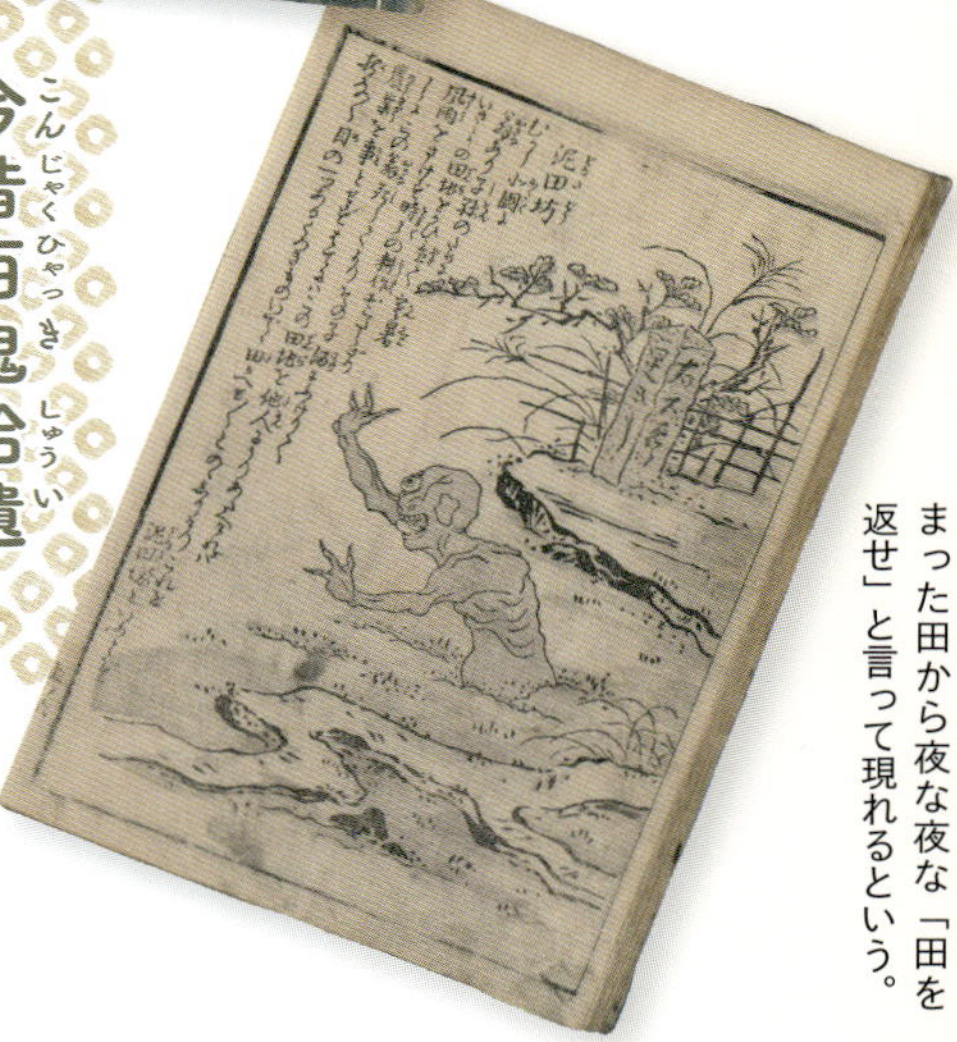

泥田坊。子孫が売り払ってしまった田から夜な夜な「田を返せ」と言って現れるという。

国立国会図書館蔵（3点とも）

日本の妖怪は多種多様である。動物や植物、器物、人、はては神までも妖怪化する一方、妖怪が神として祀《まつ》り上げられもする。妖怪とは何かを定義することは非常に難しい。

柳田《やなぎた》國男《くにお》は、『妖怪談義』（昭和三十一年）の中で、「妖怪とは神が信仰を失って零落《れいらく》した姿」と定義した。この説は現在否定されており、小松《こまつ》和彦《かずひこ》は「祭祀された妖怪が神であり、祭祀されない神が妖怪である」（『憑霊信仰論《ひょうれいしんこうろん》』昭和五十七年）としている。

「妖怪」という語が定着したのは、近代に入り※1井上円了《いのうええんりょう》の「妖怪学」提唱によるところが大きい。私たちが今「妖怪」と呼んでいるモノは、不思議なモノ、その当時の知識では理解しえないモノ、災《わざわ》いをもたらすモノを鬼や物《もの》の怪《け》、化け物などの名で、古来人びとがその心の中から生み出してきたものである。

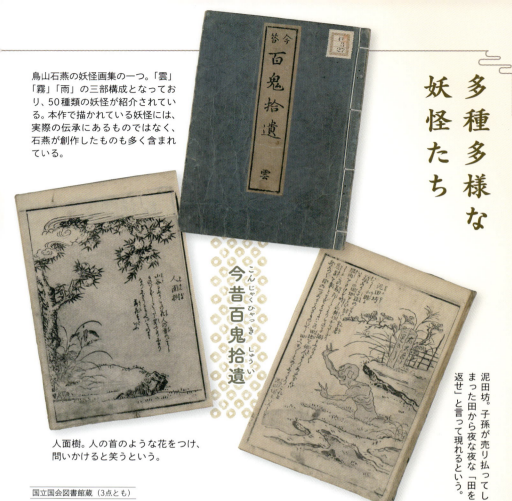

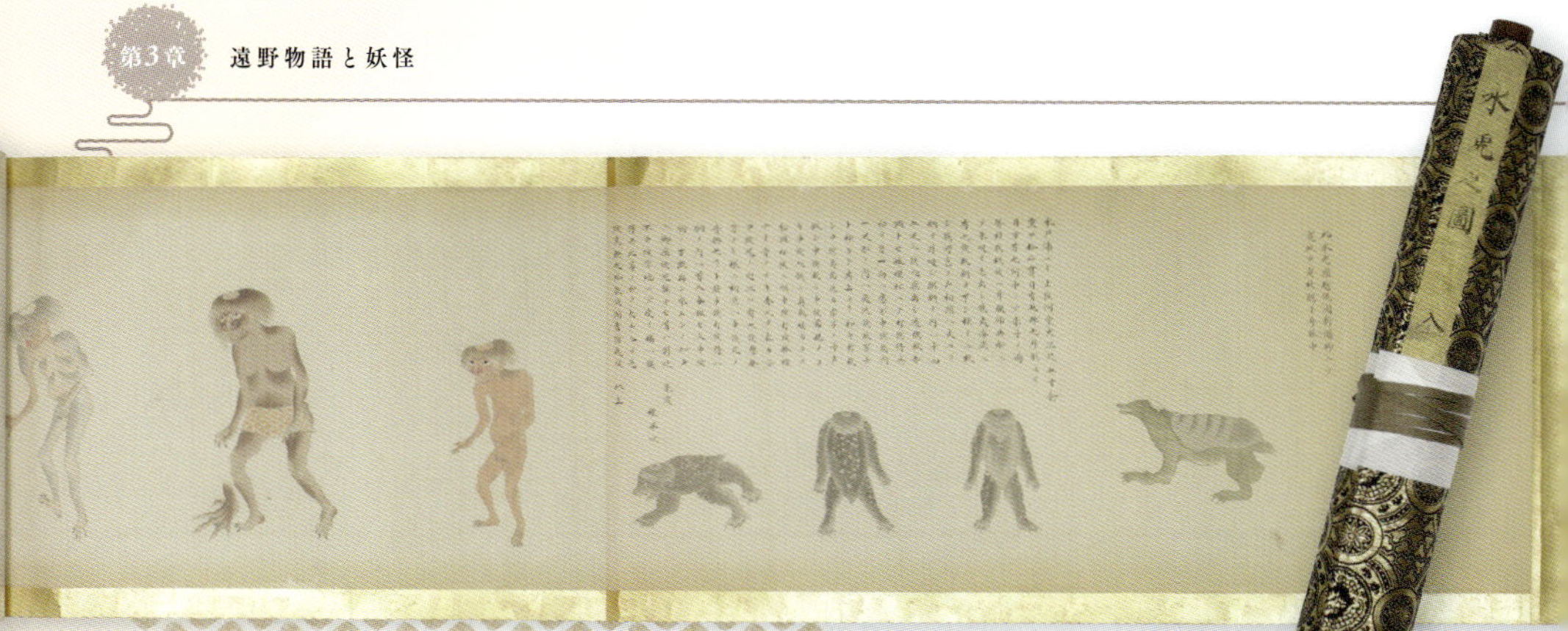

水《すい》虎《こ》之《の》図《ず》

江戸時代に盛岡南部家が所蔵していたもの。寛政から天保年間（1789～1844）に作られたものと推定されている。『水虎考略』（→56ページ）など他の書物に描かれた河童図と共通する図も掲載されている。

もりおか歴史文化館蔵

描かれた妖怪

これらの存在は時代が下るにつれて『日本霊異記《にほんりょういき》』（九世紀）や『今《こん》昔物語集《じゃくものがたりしゅう》』（十二世紀）などの文学や、『信貴山縁起《しぎさんえんぎ》絵《え》巻《まき》』（十二世紀）、『地獄草紙《じごくぞうし》』（十二〜十三世紀）などの絵巻物にも現れ、ついには『土蜘蛛草紙《つちぐもぞうし》』（十四世紀）、『百鬼《ひゃっき》夜《や》行絵《こうえ》巻《まき》』（十六世紀）など妖怪を中心にすえたものも現れた。こうして徐々に妖怪は恐怖ばかりではなく娯楽の対象としての面を持ち始め、イメージ化されることで人びとの中に広まり、様々な妖怪が生み出されることになった。ことに江戸時代になるとさらに妖怪文化は隆盛をみせ、多くの絵師が様々な妖怪を描いた。

とりわけ※2鳥山石燕《とりやませきえん》の『画図百鬼夜行』（一七七六）シリーズは好評を博したようで、一ページに妖怪の絵とその名前が付された妖怪図鑑の体で続編が次々に刊行された。さらに葛飾北斎《かつしかほくさい》、歌川国芳《うたがわくによし》、河鍋暁斎《かわなべきょうさい》といった著名な浮世絵師たちも様々な妖怪絵を描き、優れた作品を残している。

大正から昭和時代にかけては妖怪画は衰退したが、昭和四十三年（一九六八）、水木《みずき》しげる原作のテレビアニメ「ゲゲゲの鬼太郎《きたろう》」の放送により一大妖怪ブームが訪れ、現代日本人の妖怪観に大きな影響を与えることとなった。

用語解説

井上円了
※1 >>> P54
1858～1919年。哲学者。東洋大学の前身・哲学館の創設者。東西の思想を研究し、仏教と西洋哲学を探究する一方、『妖怪学講義』を著し、近代化と迷信打破に努めた。「妖怪博士」と通称された。

鳥山石燕　※2 >>> P55
1712～1788年。江戸時代中期の画家。人物画を得意とする一方、『画図百鬼夜行』『今昔続百鬼』『百鬼夜行拾遺』などの妖怪画集でも名を知られた。

河童《かっぱ》大博覧会

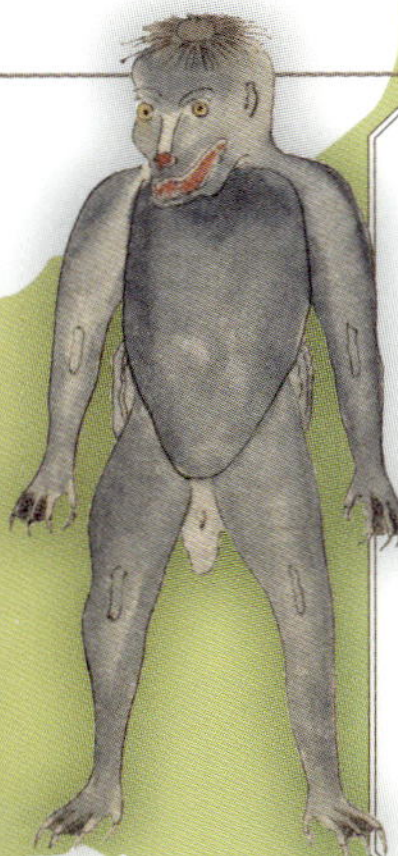

越前国（福井県）で捕らえられた水虎。大きさは2尺（約60センチ）、全身が水苔のようでウナギの肌に似たヌメリがあり、頭には植物のシュロのような黒い毛が生えている。

寛政6年（1794）秋、越後国（新潟県）に出現したとされる水虎。亀のような姿が描かれている。

享和元年（1801）、常陸国（茨城県）水戸で漁師の網にかかった河童。

天明元年（1781）6月、江戸深川の伊達家の下屋敷に現れた妖怪を描いたもので、犬ほどの大きさだった。頭に皿があり、手に水掻きがある河童のような姿が描かれている。

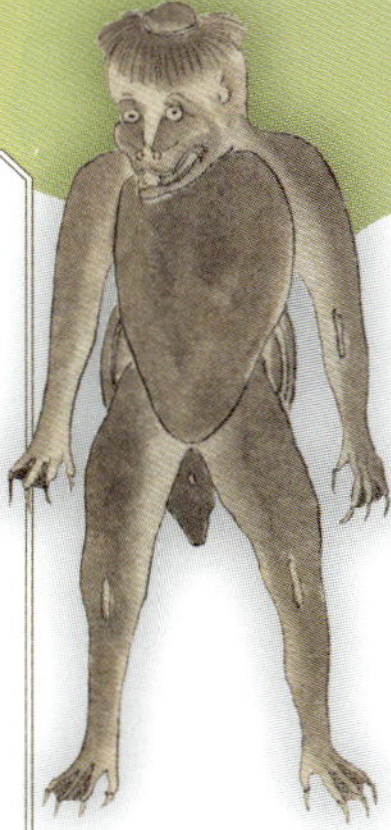

三河（愛知県）で捕らえられた水虎図。全身青黒く、眼は黄色である。

深川木場（東京都江東区）で捕らえられたもの。

河童は川や沼地などの水界を棲《す》みかとする妖怪の一種。その主な特徴は、子どものような背丈で、全身は緑色や赤色、水の入った頭頂部のくぼみや皿、左右に通り抜ける腕、水掻きのある手足、背中の甲羅などが広く知られている。

河童の伝承は全国的に分布しており、キュウリが好物で、相撲を好み、金物を嫌うといった伝承の共通性も見られるが、その呼称は地域によって様々である。現在よく知られているカッパという呼び名は、以前は関東地方や東北地方を中心に使われていた呼称だった。全国に残る河童の呼称は、メドツ、スイコ・カワタロ・ガメ・カワウソ・ガタロ・エンコウなど多様である。
本項では江戸時代の儒学者《じゅがくしゃ》※1・古《こ》賀《が》侗庵《どうあん》が収集した全国各地の河童記録を紹介する。

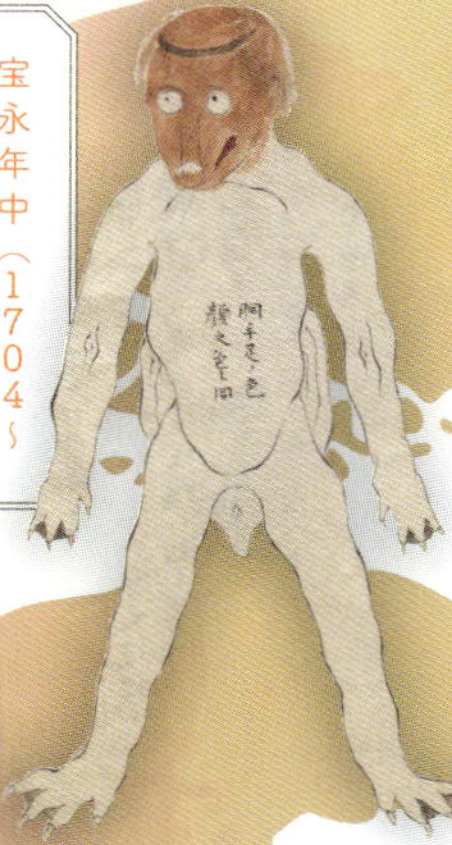

宝永年中（1704～1711）に豊後国肥田（大分県日田市）で捕らえられたもの。

腰に布（？）を着けた河童もいるゾ

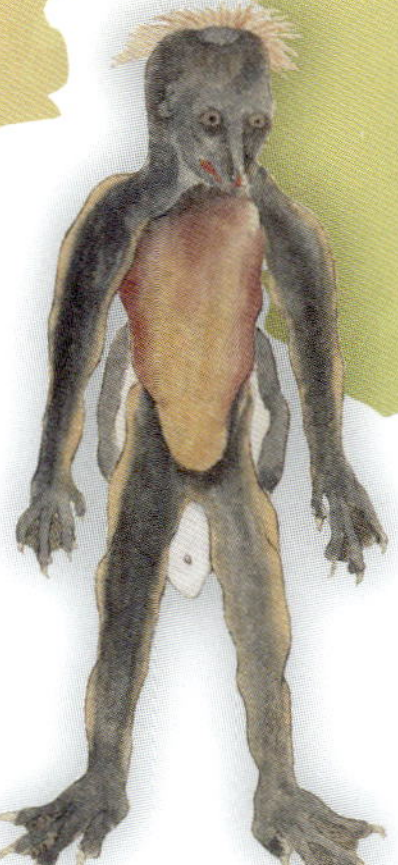

川太郎。熊本の栄川典信の土地で捕らえられたもの。長さ7寸（約21cm）、手足の指5つ、猿のごとく全身に細い毛がある。

水虎《すいこ》考略《こうりゃく》

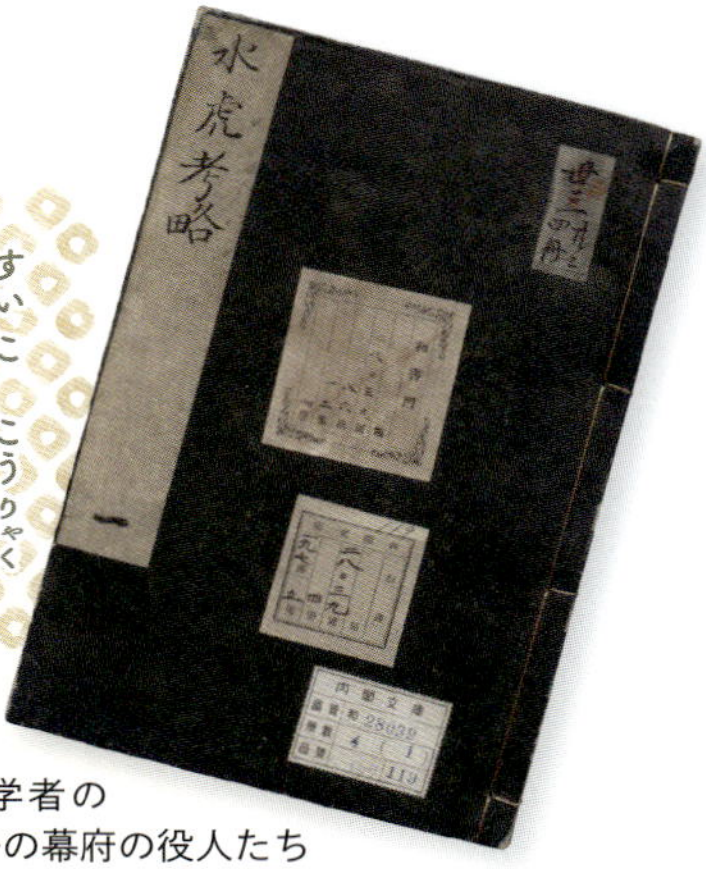

江戸時代の河童研究書。儒学者の古賀侗庵が、弟子の幕府の役人たちを介して全国各地の河童に遭遇した人から聞き取った情報を集め、これに日本や中国の文献の記事をあわせてまとめたもの。文政3年（1820）の『水虎考略』と天保10年（1839）の『水虎考略 後編』上下巻が伝わっている。

国立公文書館蔵（この見開きすべて）

用語解説

古賀侗庵
※1 >>> P57
1788～1847年。江戸時代後期の儒学者。西洋事情や海防問題に通じ、独自の開国論を主張する一方、中国の諸子百家を論じ、また河童の研究もするなど、多彩な学問領域を持っていた。

すごくマルチな学者だったんだ！

河童と信仰

河童のミイラ

寶城寺（岩手県奥州市）に伝わる河童のミイラ（全長約54cm）。本堂の屋根の改修の際に発見されたもので、頭部、手足、胴体の全身が現存している全国的にも希少な例と言える。寶城寺は開山が14世紀にまでさかのぼる曹洞宗の古刹で、現在の本堂は明治5年（1872）頃に建て直されたという。屋根に河童が祀られた経緯は不明だが、火難除けの水神として祀った可能性もある。

寶城寺本堂。

河童は、妖怪や水界に棲む得体の知れない生物として畏《おそ》れられる反面、その霊力や神性を信仰の対象として、また守護を与える神として、各地の寺社や旧家に伝えられてきた。

ここでは岩手県の事例をいくつか見ていこう。奥州市の寶城寺《ほうじょうじ》には河童のミイラが本堂の屋根改修の際に発見された。経緯は不明だが、火難除《よ》けの水神として祀られた可能性も考えられる。岩手県内では、河童が家に上がるとザシキワラシになるという土地もある。

北上市の染黒寺《ぜんこくじ》には、江戸時代に馬に悪さをする河童を捕《と》らえ、見逃してやる代わりに二度と悪さをしないことを誓ったカッパの手形（カッパの詫び状）が残されている。陸前高田市には、カッパが伝授したと言われる家伝薬が伝えられており、各地に多くの信仰と伝承が残されている。

カッパの手形（カッパの詫び状）

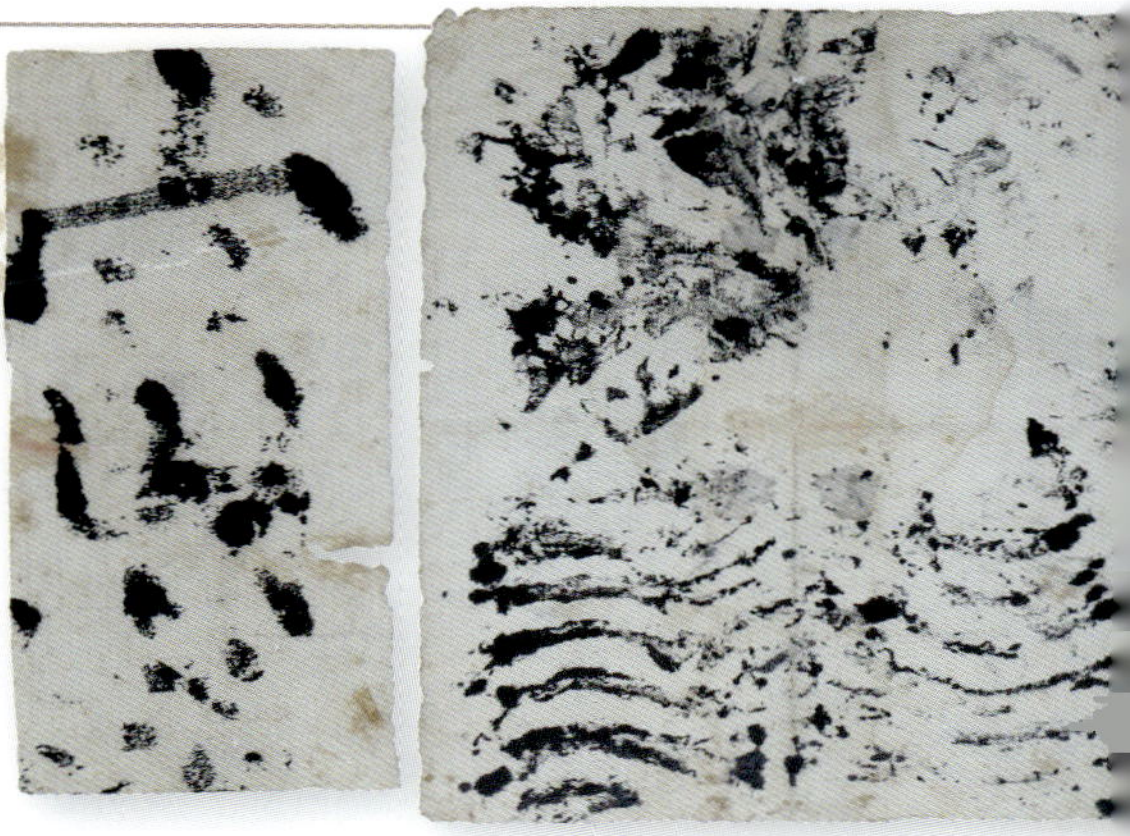

今から約200年前、染黒寺（岩手県北上市）14代の仏国大器（ぶっこくたいき）住職の時、北上川の巻渕に住むカッパが寺の厩で馬にいたずらをしているのを見つけた。住職はカッパを捕らえ、二度と悪さをしないとの約束をさせ、その証拠として手形を押させて川に放してやったという。詫び状にはカッパの手形と肋骨の拓本、カッパが書いた「當山（とうざん）」の文字が書かれている。

染黒寺本堂。

河童の妙薬《みょうやく》「横《よこ》田《た》膏《こう》」

「横田膏」は岩手県陸前高田市横田町にあった遠山医院の秘伝薬で、河童から製法を教えられた膏薬という。遠山医院は代々整形外科医で昭和23、24年（1948、49）頃まで開業していた。「横田膏」は現存しないが、この膏薬を作る際に使われた製造具が、陸前高田市立博物館に保存されている。

膏薬切り

印鑑
「横田膏薬」

掻き回し棒と
溶かし鍋

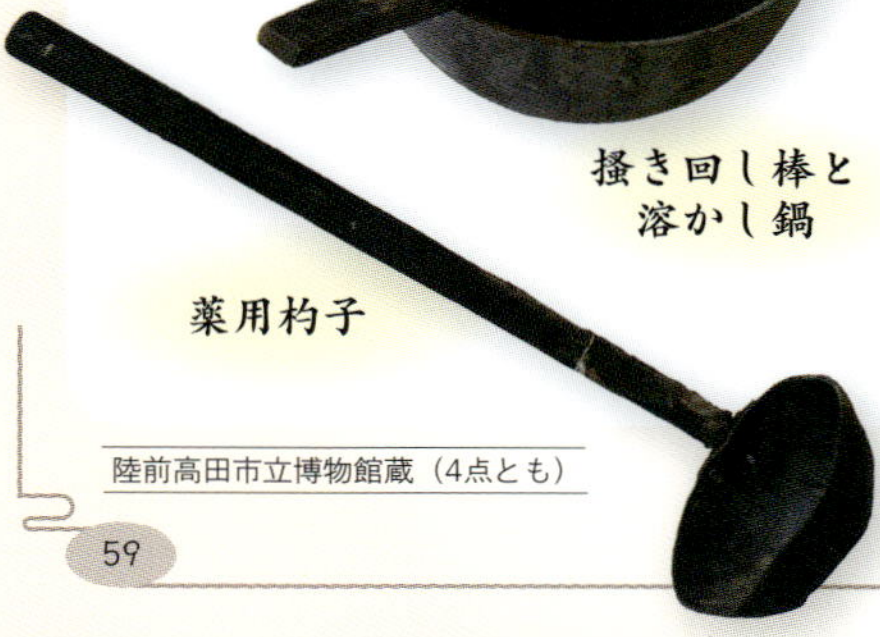
薬用杓子

陸前高田市立博物館蔵（4点とも）

ある日、刑部という人が横田川で釣りをしていると、水中から怪物が現れ、刑部は刀で怪物の両手を切った。その夜、家の門をしきりに叩く者があった。それは昼間の怪物で、老いた河童であった。河童は今後悪さをしないことを約束し、両手を返してもらった。河童はその場ですぐに腕を付け、刑部が驚いていると、これは幽仙の術で、お礼に接骨の術を教えるという。以来、同家で作る薬は「横田膏」と名付けられ、ねんざ、骨接ぎの妙薬として評判となった。（参考文献：『陸前高田市史』）

全スポット紹介！

遠野の河童淵

遠野の河童淵というと常堅寺裏の河童淵がよく知られており、毎年多くの観光客が訪れる場所である。『遠野物語』第五八話には姥子淵の河童駒引きの伝承が掲載されているが、この話は、佐々木喜善の生家がある山口集落（遠野市土淵町）の伝承である。遠野にはこのほかにも河童淵の伝承が残されている。文献などで確認することができる河童淵十四カ所を紹介する。

小鳥瀬川の姥子淵の辺に、新屋の家と云ふ家あり。ある日淵へ馬を冷しに行き、馬曳の子は外へ遊びに行きし間に、河童出でて其馬を引込まんとし、却りて馬に引きずられて厩の前に来たり、馬槽に覆はれてありき。家の者馬槽の伏せてあるを怪しみて少しあけて見れば河童の手出でたり。村中の者集りて殺さんか宥さんかと評議せしが、結局今後は村中の馬に悪戯をせぬと云ふ堅き約束をせて之を放したり。其河童今は村を去りて相沢の滝の淵に住めりと云ふ。

『遠野物語』五八話より

遠野の河童淵位置図

- ▲ 早池峰山
- ▲ 白森山
- ▲ 大黒森
- ▲ オーヅ岳
- ▲ 白見山
- ▲ 大麻部山
- 耳切山
- ④
- ⑦
- ▲ 貞任山
- 宮守
- 石上山
- ▲ 天ヶ森
- ① 綾織
- ⑧
- ⑥
- ▲ 雲ノ上山
- ⑬
- ⑤ 松崎
- 土淵
- ⑨
- ▲ 六角牛山
- ⑭ いわねばし
- 遠野
- ⑪
- 青笹
- ▲ 砥森山
- ⑫
- ▲ 二郷山
- 物見山
- ⑩
- 上郷
- ② 小友
- ③

文献などで場所が特定できたスポットを紹介しています

1 綾織町《あやおりちょう》みさ崎《ざき》の河童

苗代をならした折りに足跡がつく、河童が馬屋に隠れていたが助けてやったといった砂子沢の河童の伝承が記されている『綾織村郷土誌』(昭和7年刊)。

同町砂子沢（いさござわ）のみさ崎の鈴木家（屋号：盛子）の付近に砂子沢川があり、ここに河童が出た、といわれる淵がある。ある時、鈴木家の人が石上橋の下の川に馬を冷やしに行くと、河童が出てきた。河童は馬の手綱を取り川に引き込もうとしたが、馬が驚いて駆け出し、河童はそのまま引かれて馬屋に入った。河童は馬槽の中に隠れているところを鈴木家の人に見つけられたが、そのまま許されたといわれる。この淵には昔から河童が居るといわれ、苗代をならした後などにはその足跡が残っているとも伝えられている。

参考文献：『伝承にみる綾織』(2005 高柳俊郎) ほか

2 小友町《おともちょう》不動《ふどう》巌《いわお》の淵の河童

同町の巌龍（がんりゅう）神社の裏にある不動巌の淵に、馬が河童に引き込まれた話が残っている。現在、不動巌の淵には水が流れておらず、その跡が残っているのみである。ちなみに河童に引き込まれた馬の持ち主について「たとえ不動巌が崩れることがあっても、カジヤ（屋号）は崩れることはない」という話が残っているほどの長者であったと伝えられる。

参考文献：『カッパの世界』(1998 遠野物語研究所) ほか

③ 小友町長《なが》野《の》の河童

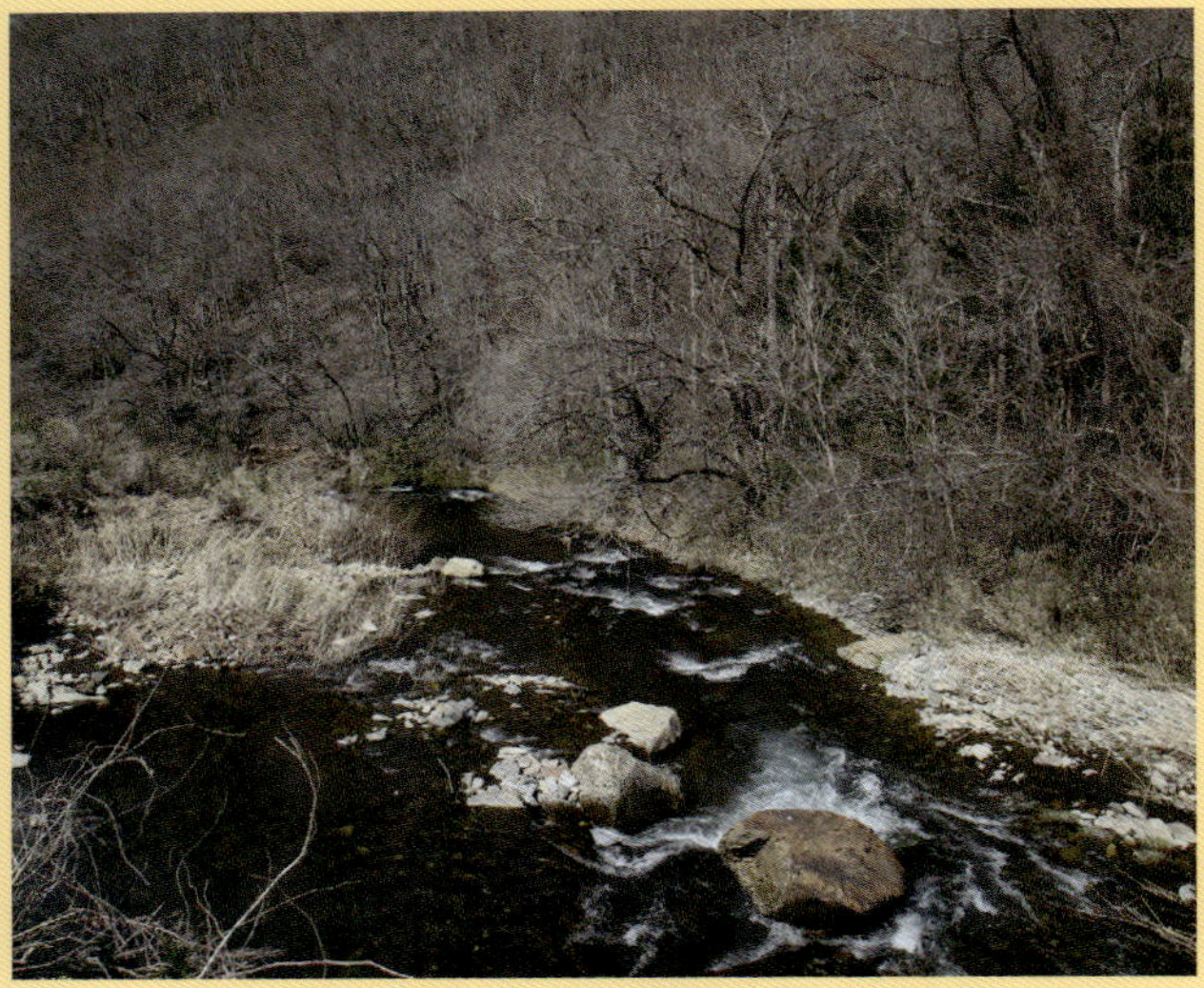

同町長野地区で屛風様（屋号：洞美木）といわれた家の人が、河童から骨接ぎの仕方を伝授された話が残っている。この話には続きがあり、屛風様はその後、横田村（現・陸前高田市）に移り、接骨医になったというものである。

語り部・鈴木ワキの語りでは上記と多少異なる。馬にいたずらをした河童が、その家の人にお詫びとして傷によく効く塗り薬の作り方を伝え、許してもらったという。その後、この河童は横田村に逃げ、同じく同地の人にいたずらをして、塗り薬の作り方を教えた。その人はその薬を元に遠山病院を建て大成した、というものである。

参考文献：『カッパの世界』（1998 遠野物語研究所）、『鈴木ワキ昔話集』（2005 佐藤誠輔）ほか

④ 附《つき》馬《も》牛《うし》町《ちょう》猿《さる》ヶ《が》石《いし》川の河童

同地区には次のような話がある。同町猿ヶ石川に出没した河童が馬を川に引き込もうとして逆に馬屋まで引っ張られ、馬槽に隠れていたところ、家人に見つかった。家人が殺そうとすると「もし私を殺したら今後村人を猿ヶ石川でおぼれさせる」と逆に脅された。そこで一夜、縄でしばって馬屋に拘留すると今度は「長く拘留すれば祟る。逃がしてくれれば、今後猿ヶ石川流域では決して人を溺れさせて死なせないし、山の幸も与える」と交換条件を提示してくる。そこで放してやると、謝って、紙にも布にも見える一切れを家人に与え、猿ヶ石川に戻っていった。山に入る時、この一切れを持参すれば、どのような険しい難所も平坦に見えて、狩猟などの時は非常に便利なものだった。その後、猿ヶ石川で溺死する人は極めて少なくなったという話である。

参考文献：『遠野のくさぐさ』（伊能嘉矩）ほか

5 松崎《まつざき》町《ちょう》光興寺《こうこうじ》の河童

松崎の河童淵「太郎淵」には、昔からいたずらをする河童が住んでいると伝わっている。特に女性にいたずらをする河童で、光興寺の淵に居て名前を「太郎」といい、洗濯などの水仕事に来る集落の女性にいたずらをして困らせていたという。また、この淵の下方にも淵があって、その太郎に言い寄る女河童が住んでいたともいわれる。この二つは今でも太郎淵、女ヶ淵と言われ、二匹の河童が住んでいるという。

参考文献：『みちのく「艶笑・昔話」探訪記』（1975 佐々木徳夫）所収・菊池タツの語り ほか

6 土淵町山口《やまぐち》の河童

『遠野物語』第五八話の舞台となった淵で、多くの語り部たちの語りや資料で紹介されている。話の舞台は、同町山口集落の水車小屋の付近にある。この近くにある「新屋」という屋号の家の使用人が、小烏瀬川の姥子淵に馬を冷やしに行っていたところ、河童に引っ張られて驚き、逆に馬屋まで引っ張られていった。馬槽に隠れていたところを見つかり、謝って許してもらった。この河童はその後、姥子淵を去り、上流の「相沢の滝」に住んでいるという。

姥子淵は、小烏瀬川の支流である山口川にあった淵である。現在は砂防ダムになっており、当時のような深い淵にはなっていない。

ちなみに『遠野物語小事典』には「淵の真ん中の白い石を河童石といい、河童がよく甲羅ぼしをしていたらしい」と紹介されている。

参考文献：『注釈遠野物語』（1997 遠野常民大学）、『遠野物語小事典』（1992）ほか

7 土淵町西内《にしない》の河童

同町西内地区にも河童の話が伝わっている。話の舞台は西内の中の橋付近の川。昔「大家」という屋号の家で飼っていた馬を川の側に置いていたところ、河童が馬の尻尾を引っ張って、川に引きずり込もうとした。しかし逆に引きずられて馬屋まで来てしまった。家の者に見つかり、指をつめて詫び状を作り、許してもらったという話である。

この場所は現在、平成28年（2016）8～9月の台風10号被害により、跡形もなくなってしまったが、地域では今も語り継がれている。

参考文献：『土淵小学校百周年記念誌土淵教育百年の流れ』（1979 土淵小学校創立百周年記念事業実行委員会）ほか

8 土淵町土淵の河童

多くの観光客でにぎわう遠野の代表的な河童淵である。常堅寺裏にある河童淵で、小烏瀬川の支流の足洗川にある。遠野の古代の歴史を伝える「阿部屋敷」が残る裏にある淵でもあり、多くの観光パンフレットやテレビ、雑誌などでも紹介されている。

ここで馬を冷やしていたところ、河童が淵に馬を引き込もうとしたが逆に馬屋まで引っ張られて、家人に見つかり許してもらった。この淵でいたずらをした河童が阿部家に入り、ザシキワラシとなった話も残っている。この川は、大正時代以降にも近所の幼児が誤って転落し、数人水死しているほどで、川幅も広く深く、危険な川であったという。

また、この淵の側には小さな祠があり、中には赤い布で作られた乳房をかたどったものが奉納されており、「乳神様」とも呼ばれている。乳が出ない人はそれを借りて拝み、乳が出ると倍にして返す、というものだ。なお、阿部家では乳神様としてだけではなく、「河童神様」としても祭っていたと伝わっている。

さらに常堅寺境内には「カッパ狛犬」があり、同寺が火事になった時、頭の皿の水で消火をした、という話も残っている。

参考文献：『上閉伊今昔物語』（遠野高校社会科研究会）、『奥州のザシキワラシの話』（1920 佐々木喜善）ほか

常堅寺のカッパ狛犬。

乳神様の祠。

9 青笹町長谷場付近の河童

青笹町長谷場《あおざさちょうはせば》付近の河童

　ある時、この付近にある淵で馬を洗い、家の馬小屋に連れて帰ったところ、馬の腹に小さな何かがへばりついているのに気付いた。その小さなものは馬の腹から離れ、飼葉桶の中に隠れてしまった。逃がさないようにわしづかみにして明かりに照らしてみるとそれは河童であり、手の平に入るくらいの大きさしかなかったという。河童がへばりついていた馬の腹には、蚊に刺されたような跡があった。河童は蚊のように血を吸うものだと伝わっているが、その後、この河童がどうなったかは不明だという。

　この話が伝わっている淵の近くの家の屋号は「かっぱぶち」と言ったが、現在はない。ここにはうぐいす滝という滝があり、水が落ちるところに淵があった。そこを河童淵と言ったそうだが現在はなくなり、小さな水路があるのみである。

　この話が伝わる地域には「鳥古屋」という地名が残っており、この河童淵の起源にもなっていることから参考までに紹介する。この地域の住人が狐森の狐を退治することになり、稲荷神社に油揚げと雉の卵を供えて拝んでいた。卵が不足していることを知った長六どんは、鶏を飼い始め、小屋を持ったことから「鳥古屋」の地名が生まれた。この鳥の死骸などを求め、その下にある淵に河童が住み着き始めたことから、河童淵の名称が残ったという。

参考文献：『ものがたり青笹』(2004 青笹町地域づくり連絡協議会) ほか

10 青笹町中妻《なかづま》の河童

11 上郷町板沢《かみごうちょういたざわ》の河童

　二つの地域の話だが、隣接する地域であり、また、話にも連動性があることからまとめて紹介する。

　昔、上郷村細田の石淵には弟の赤河童が、その下流の青笹村の長瀞淵には兄の青河童が住んでおり、兄弟河童と言われていた。細田の仁右衛門が石淵の川原で馬を放していた。そこに赤河童が出てきて引きずり込もうとし、逆に馬屋へ引っ張られ仁右衛門に見つかった。仁右衛門は河童を火箸でたたきつけ、赤河童は大けがをおった。逃げ帰ったあと、細田観音にお願いしてけがを治してもらった。

　しばらくして仁右衛門の娘が石淵で美男に会った。この男は娘に、長瀞淵にいる兄へ手紙を届けてほしい、と依頼する（実はこの男、仁右衛門に痛めつけられた赤河童であった)。娘は承諾したが、不安に思っていた。そこを通りかかった六部（山伏）に声を掛けられ事情を話し、手紙を見せるとその内容は、赤河童が長瀞淵にいる青河童へ「この娘を取って食え」というものだった。六部は内容を書き換え「この娘に一番大事な宝物をやれ」とした。娘は美男に化けた青河童のいる長瀞淵にこの手紙を届けると、青河童はいやな顔をしたが、黄金の包みを渡した。それ以来、兄弟の仲は悪くなったという。

参考文献：『遠野の民話』(2001 遠野物語研究所) ほか

12 宮守町鱒沢《みやもりちょうますざわ》（高館《たかだて》）の河童

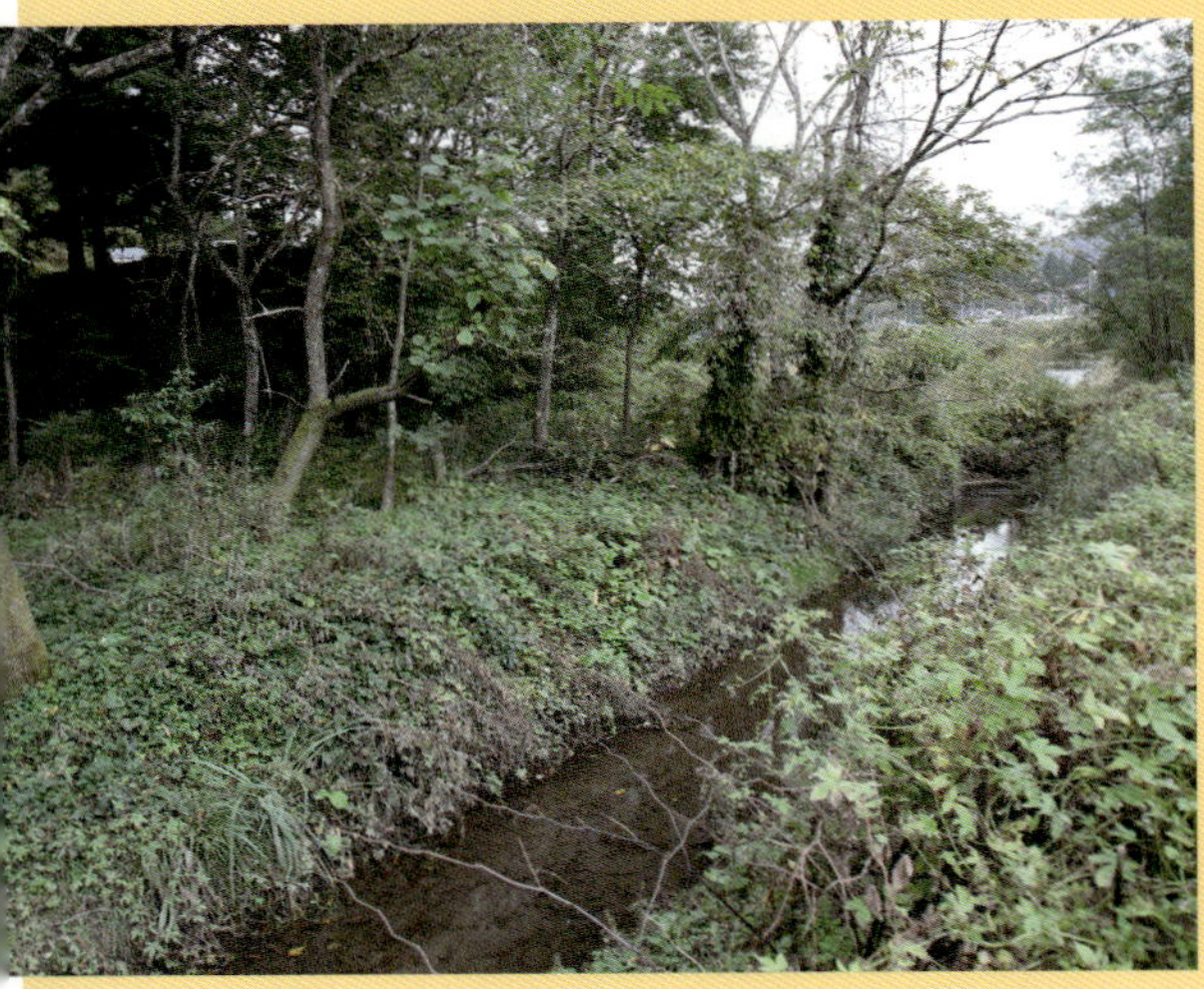

鱒沢にあった高館跡に杉田彦曹、彦三郎、彦七という三人の兄弟があった。その中の一人が毎日、高館淵（高館の下の方にある淵）の岸で遊んでいるうちに、河童と仲良くなった。それである時、相撲を取って遊んでいたが、間違って河童の頭の皿をはがしてしまった。すると河童は「負けた、負けた」と言って川の中に逃げてしまった、という話が残っている。

また、ある時、左兵衛という人が田の水を見に行くために、高館淵の側を朝早く通ると、赤子ぐらいの子どもが歩いているのを見かけた。取り押さえるつもりで追いかけたが、20～30間（約50メートル）走ってもう少しと思った時に淵に飛び込み、見えなくなった、という話も残っている。

この高館淵も度重なる洪水と河川改修により土砂で埋まり、現在は草原となっている。

参考文献：『郷土の伝承と碑』（鱒沢三区自治会）ほか

13 宮守町上宮守《かみみやもり》（下村《したむら》）の河童

ここには「河童石」と呼ばれる大きな石がある。この地域には河童が住んでいて、夏になると川の近くの畑からキュウリを盗んだり、いたずらをしたりして近所の人を困らせていた。ある年の春、巡田という家で、馬を冷やすために川に連れて行ったところ、その河童が馬を川に引きずり込もうと手綱を引っ張ったが、馬の力に負けて逆に巡田の家の馬屋に引っ張られてしまった。河童は馬に引きずられたことで頭の皿が割れてしまい、しおれて馬屋の隅にうずくまっていた。家人に見つかってしまったが、許してもらったという話である。

現在は河川改修のためこの川はなくなっているが、この付近に河童石が残っている。

参考文献：『上宮守伝』（2017　菅原伴耕）ほか

14

宮守町下宮守《しもみやもり》（不動淵）の河童

野金山のわきに、一羽根（一跳とも記す）という家があった。その家の下に猿ヶ石川が流れていた。その川原に野金山の人たちが馬を連れて洗っていると、河童が出てきていたずらをする。ある時、一羽根の家の馬が騒いでおり、そこには馬を引っ張ろうとした河童が、逆に引っ張られて馬槽に隠れていた。見つかった河童はある薬の作り方を教えるから逃してほしいと許しを乞う。それで教えられたのが、「のどっぱれの薬」というものだった。その薬の作り方はシモアンズ（秋の一番最後、トンボがみんないなくなった頃に出てくるトンボ）を煎じるもので、効能はのどっぱれ（扁桃腺）やおたふくなどが治るという。

話の舞台が花巻市の東和町野金山の話であるが、猿ヶ石川を挟んで向かいの宮守地区にも伝わっている話であることから紹介する。この一羽根の家を本家に持つ家が、宮守地区に分家として来ていることから、話が伝わったと考えられる。

参考文献：『佐々木健の語りによる遠野郷宮守村の昔ばなし』
（1992 世界民話博実行委員会）ほか

遠野が河童の町になるまで

遠野市と河童のイメージを結び付けている大きな要因の一つは、『遠野物語』であろう。『遠野物語』一一九話のうち、河童の話は、第五五話から第五九話までの合計五話が掲載されている。第五五、五六話は河童の子どもを産んだ女の話、五七話は河童の足跡の話、五八話は姥子淵の河童駒引きの話、五九話は遠野の河童は顔色が赤いという話である。昭和十年（一九三五）には、佐々木喜善の遺稿「遠野《とおの》物語《ものがたり》拾遺《しゅうい》」を加えた『遠野物語 増補版』は、一般読者に広く読まれるきっかけとなったが、「遠野物語拾遺」にある河童の話は、第一七八話の釜石の五郎兵衛淵の河童の詫び証文の話一つだけで、この段階では遠野と河童のイメージの結び付きはまだ薄かったと思われる。

昭和三十五年以後、『遠野物語』を題材にした本が評判となり（↓30ページ参照）、雑誌などで特集が組まれるようになると、『遠野物語』ゆかりの地を訪ねる人が現れるようになった。土淵町常堅寺の河童淵を訪れる観光客は、昭和三十九年頃にはすでにいたと言われている。さらに昭和四十五年に国鉄が個人旅行拡大キャンペーン「ディスカバージャパン」を始め、昭和五十年、柳田國男生誕百年をきっかけに『遠野物語』がブームになると、『遠野物語』関連本や遠野を紹介した写真入りの解説書が出版されるようになる。その中には河童淵や河童を題材にした内容が含まれる井上ひさし『新釈遠野物語』（昭和五十一年）や、NHK総合テレビの放送番組とタイアップした「遠野物語をゆく　柳田国男の風景」（学習研究社・昭和五十二年）など、影響力を持つものもあり、遠野を訪れる観光客は次第に増えていった。また、河童を探し研究する民間団体「かっぱ村」を主宰していた故・中河与一《なかがわよいち》（作家）は、昭和五十三年、附馬牛町片岸の河童のすわり石の川辺に記念碑を建立した。

猿ヶ石川に建立された
河童の記念碑。

「民話のふるさと遠野」の歩み

著名な文学者たちによる『遠野物語』再評価に呼応するかたちで遠野

市民の間でも『遠野物語』が再評価されていった。昭和四十一年の遠野市施政方針演述で民俗学や『遠野物語』を生かす施策の必要性が述べられ、翌年には、ポケット版ガイドブック『遠野物語ガイド』が刊行された。昭和五十年には本格的な観光ガイドブック『遠野路』（菊池幹編、海南書房）が刊行された。この書では写真入りで、常堅寺の境内にあるカッパ狛犬、カッパ淵と淵のかたわらにある乳神の祠を河童神として紹介している。昭和五十七年の『エスコートブック遠野』（遠野市観光協会）には、常堅寺の河童淵のほかに松崎町の太郎河童淵も紹介されている。また、遠野の土産物として河童グッズが紹介されており、「現代の名工」で遠野最後の桶職人・近江《おうみ》栄《えい》蔵《ぞう》の作る木彫りカッパなどが紹介されている。

とおの物語の館・遠野座で昔話を披露する語り部。

　次に大きなきっかけとなったのは、岩手国体である。昭和四十三年、遠野市が岩手国体サッカー会場に内定すると国体市民運動実践の中で「郷土を理解し、遠野に誇りを」がテーマとなり研修会などが展開されていく。昭和四十五年に遠野市から配布された市民向けパンフレット「みどころ案内」にも常堅寺の河童淵が紹介されている。ちなみにこのパンフレットには「高原が呼ぶ民話がささやくみちのく遠野」というキャッチフレーズが用いられ、同年公募により「民話のふるさと遠野」というキャッチフレーズが誕生した。昭和四十六年には遠野駅前に『遠野物語』序文の一節を刻んだ遠野物語の碑が建立された。

　遠野では昔話を語る人を指す言葉として「語り部」が定着しているが、昭和四十六年から「語り部」の草分け的存在が、観光客を相手に旅館や自宅で昔話を語り始めた。

　昭和五十九年、常堅寺の河童淵の近くに観光施設「伝承園」がオープンし、「遠野昔ばなし祭り」が始まると、語りの場は主に観光施設となっていった。昭和六十一年には「とおの昔話村」が開村し、昔話の定期実演が開始された。平成八年（一九九六）、「遠野ふるさと村」が開村し、移築された南部曲り家の中で昔話を聞く体験プログラムが設けられた。語りの場が拡大するとともに、河童の昔話は、ザシキワラシ・オシラサマと同様に観光客の求めに応じて語られるものとなり、やがて遠野の語り部「三大語り」になっていく。

ザシキワラシ

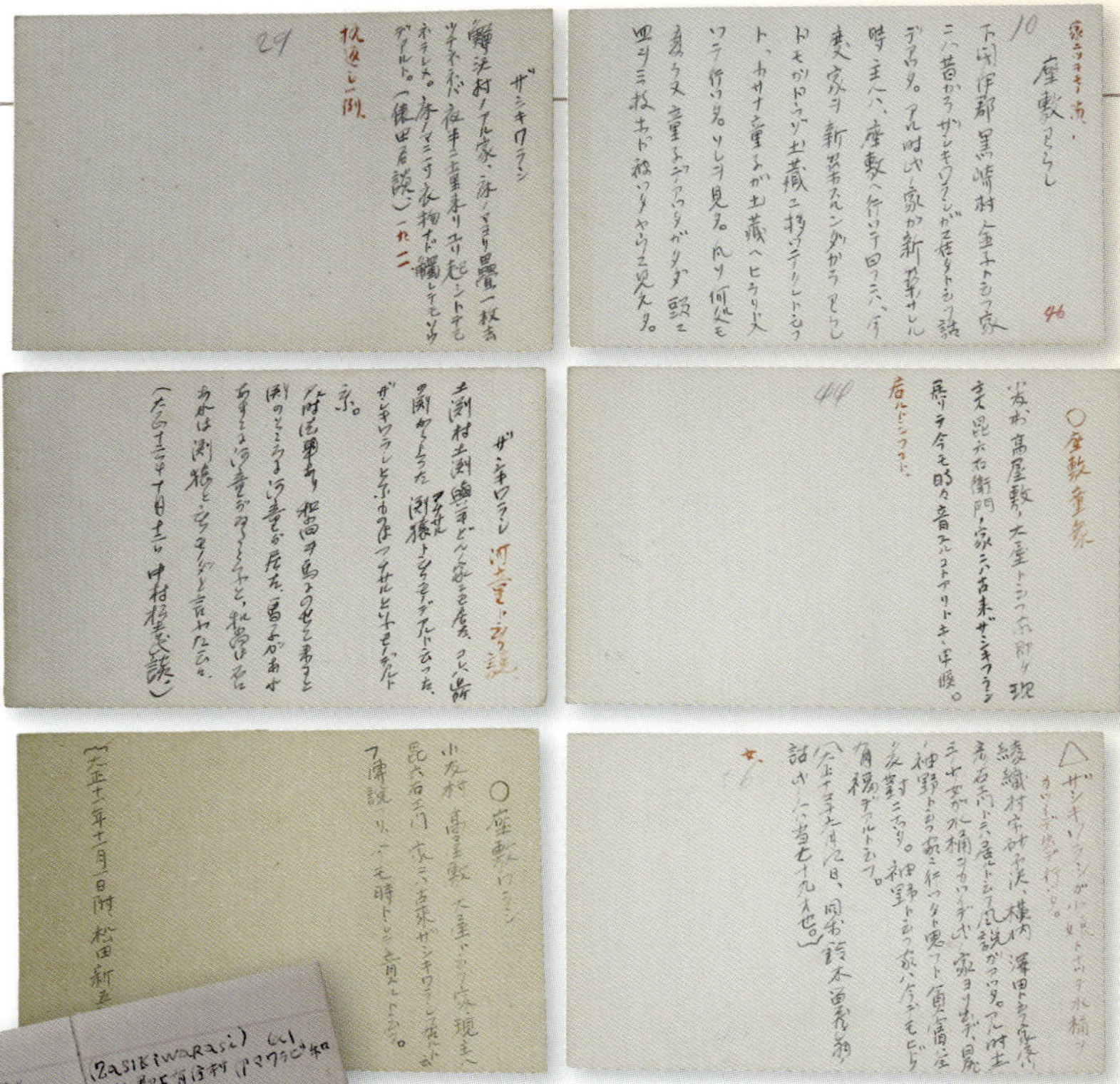

佐々木家寄託資料

佐々木喜善のザシキワラシ調査カード

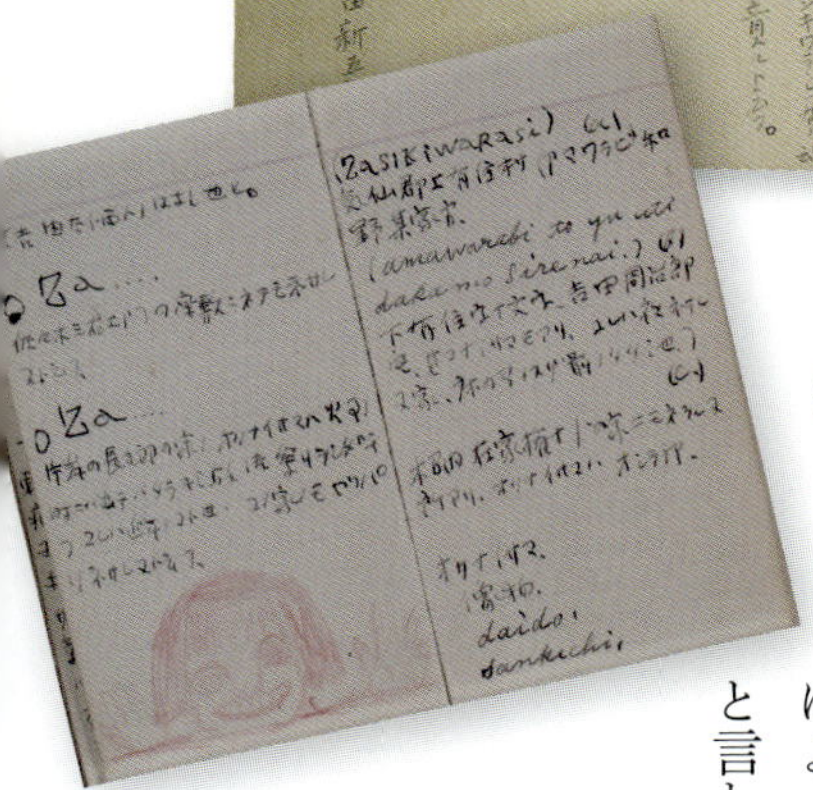

大正8年（1919）頃のもの。ページの左下に喜善の描いたザシキワラシのイラストがある。

佐々木家寄託資料

ザシキワラシは、岩手県を中心とした東北地方に言い伝えられ信じられている、家にまつわる神、精霊で、旧家の座敷にいて常には見えないが、時に子どもの姿をして現れるという。この神のいる家は富み栄えると言われている。

ザシキワラシは、佐々木喜善が明治四十年（一九〇七）に『芸苑』に発表した短編小説「舘の家」で初めて紹介された。近代になってから柳田國男の『遠野物語』や佐々木喜善の『奥州のザシキワラシの話』などによって広く知られるようになったと言われている。

大正時代の佐々木喜善

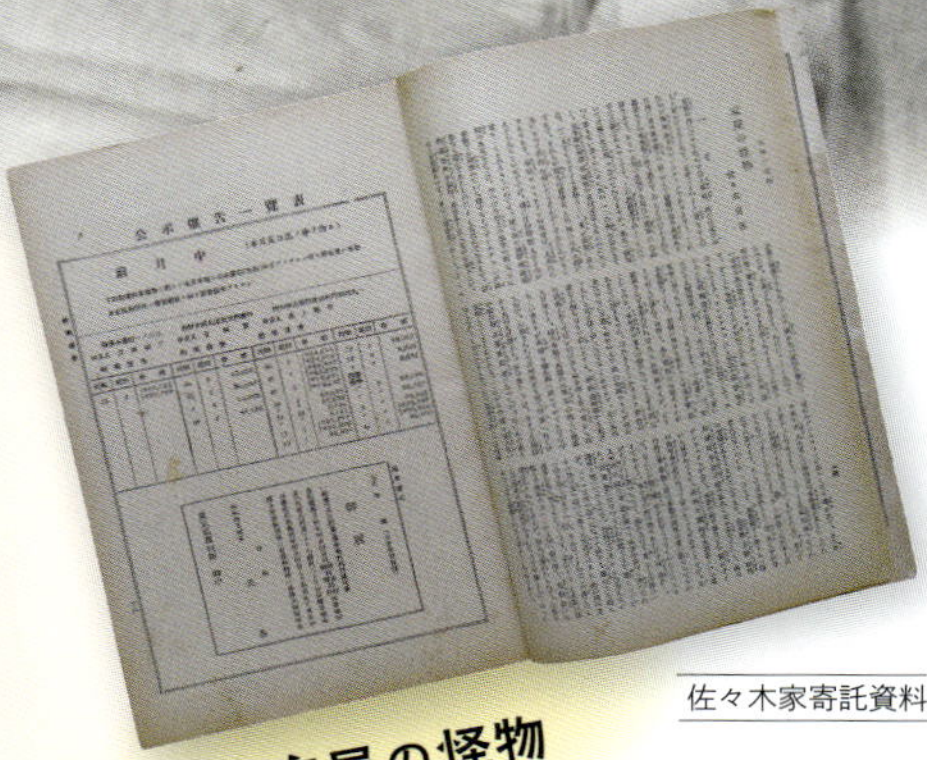

佐々木家寄託資料

家屋の怪物

佐々木喜善著 『日本勧業銀行月報』9月号収録
大正9年9月刊

家の中に住んでいる怪物としてザシキワラシの紹介をしている。その姿は童子ばかりではなく、老婆の姿をしたザシキバッコもいて、夜に四つん這いで現れ、奥座敷の泊まり客を驚かすことがあるという。

佐々木家寄託資料

奥州のザシキワラシの話

佐々木喜善著　大正9年2月刊

「記憶」「聞書（ききがき）」「手紙」という調査方法そのものが題目となっている。遠野の話が圧倒的に多く、ザシキワラシ研究では後世の追随を許さないほど充実した内容となっている。

館の家

佐々木喜善著
『芸苑』第2年巻第3収録
明治40年3月刊

「ザシキワラシ」を初めて紹介した短編小説。

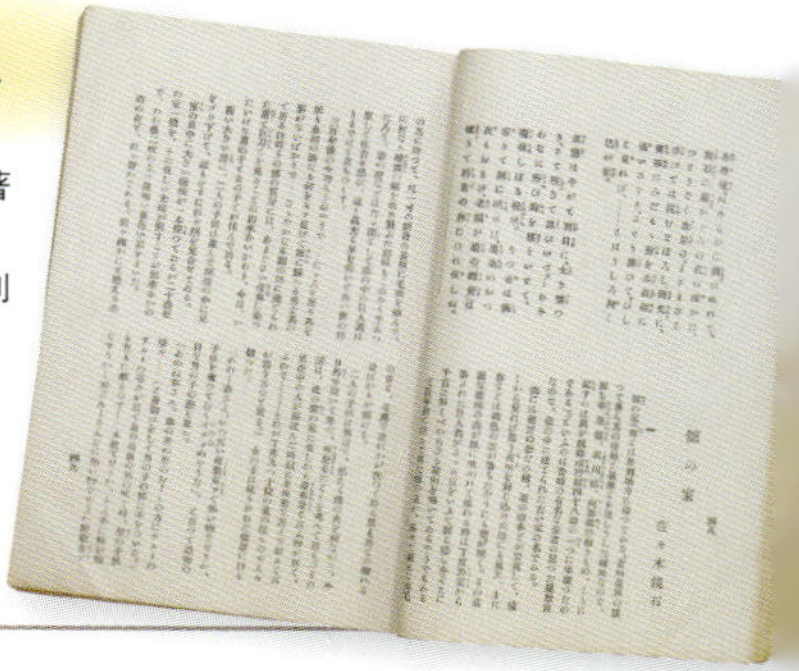

佐々木家寄託資料

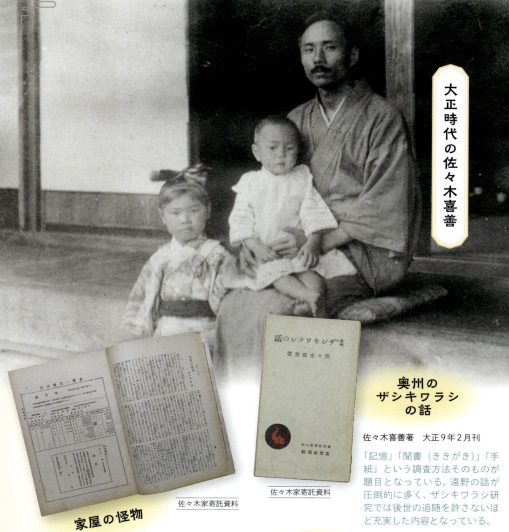

旧家にはザシキワラシと云ふ神の住みたまふ家少なからず。此《この》神は多くは十二三ばかりの童児なり。折々人に姿を見することあり。土淵村大字飯豊《いいで》の今淵勘十郎と云ふ人の家にては、近き頃高等女学校に居る娘の休暇にて帰りてありしが、或日廊下にてはたとザシキワラシに行き逢ひ大いに驚きしことあり。これは正《まさ》しく男の児なりき。同じ村山口なる佐々木氏にては、母人ひとり縫物して居りしに、次の間にて紙のがさがさと云ふ音あり。此室は家の主人の部屋にて、其《その》時は東京に行き不在の折なれば、怪しと思ひて板戸を開き見るに何の影も無し。暫時《しばらく》の間坐りて居ればやがて又頻《しきり》に鼻を鳴す音あり。さては座敷ワラシなりけりと思へり。此家にも座敷ワラシ住めりと云ふこと、久しき以前よりの沙汰なりき。此神の宿りたまふ家は富貴自在なりと云ふことなり。

『遠野物語』一七話より

山口孫左衛門家の跡　(遠野市土淵町)

ザシキワラシ又女の児なることあり。同じ山口なる旧家にて山口孫左衛門と云ふ家には、童女の神二人いませりと云ふことを久しく言伝へたりしが、或年同じ村の何某と云ふ男、町より帰るとて留場《とめば》の橋のほとりにて見馴れざる二人のよき娘に逢へり。物思はしき様子にて此方《こちら》へ来る。お前たちはどこから来たと問へば、おら山口の孫左衛門が処から来たと答ふ。此《これ》から何処へ行くのかと聞けば、それの村の何某が家にと答ふ。その何某は稍《やや》離れたる村にて、今も立派に暮せる豪農なり。さては孫左衛門が世も末だなと思ひしが、それより久しからずして、此家の主従二十幾人、茸《きのこ》の毒に中《あた》りて一日のうちに死に絶え、七歳の女の子一人を残せしが、其女も亦《また》年老いて子無く、近き頃病みて失せたり。

『遠野物語』一八話より

留場の橋

（遠野市土淵町）

孫左衛門家ゆかりの仏像

遠野市立博物館蔵

天狗《てんぐ》

前薬師（鶏頭山）と早池峰山

鶏頭山《けいとうざん》は早池峰《はやちね》の前面に立てる峻峰《しゅんぽう》なり。麓の里にては又前薬師《まえやくし》とも云ふ。天狗住めりとて、早池峰に登る者も決して此《この》山は掛《か》けず。山口のハネトと云ふ家の主人、佐々木氏の祖父と竹馬の友なり。極めて無法者にて、鉞《まさかり》にて草を苅り鎌にて土を掘るなど、若き時は乱暴の振舞のみ多かりし人なり。或時《あるとき》人と賭をして一人にて前薬師に登りたり。帰りての物語に曰《いわ》く、頂上に大なる岩あり、其《その》岩の上に大男三人居たり。前にあまたの金銀をひろげたり。此男の近よるを見て、気色ばみて振り返る、その眼の光極めて恐ろし。早池峰に登りたるが途《みち》に迷ひて来たるなりと言へば、然らば送りて遣《や》るべしとて先に立ち、麓近き処まで来り、眼を塞《ふさ》げと言ふままに、暫時《しばらく》そこに立ちて居る間に、忽《たちま》ち異人は見えずなりたりと云ふ。

『遠野物語』二九話より

『遠野のくさぐさ』の天狗の記述

常に籠《こも》れ折り境内の姥杉（姥杉は旧記に地上一尺にて三丈廻と見え、神木に擬せられしが、前年雷火に焼け失せたり）の梢《こずえ》にてホイホイと聲《こえ》するを聞き、乃《すなわ》ち出《い》で見しに形は燕《つばめ》に似て大《おおき》さ人程の者腰うちかけつつありて、或るる秘訣を口授したり。同人何人に問はるるも、其の授けられし事柄をば他に洩《も》らさざりしが、其は天狗なりけるとぞ

伊能嘉矩著『遠野のくさぐさ』
第一束「山谷観音の事ども」より

『遠野のくさぐさ』
第一束「山谷観音の事ども」
伊能嘉矩著

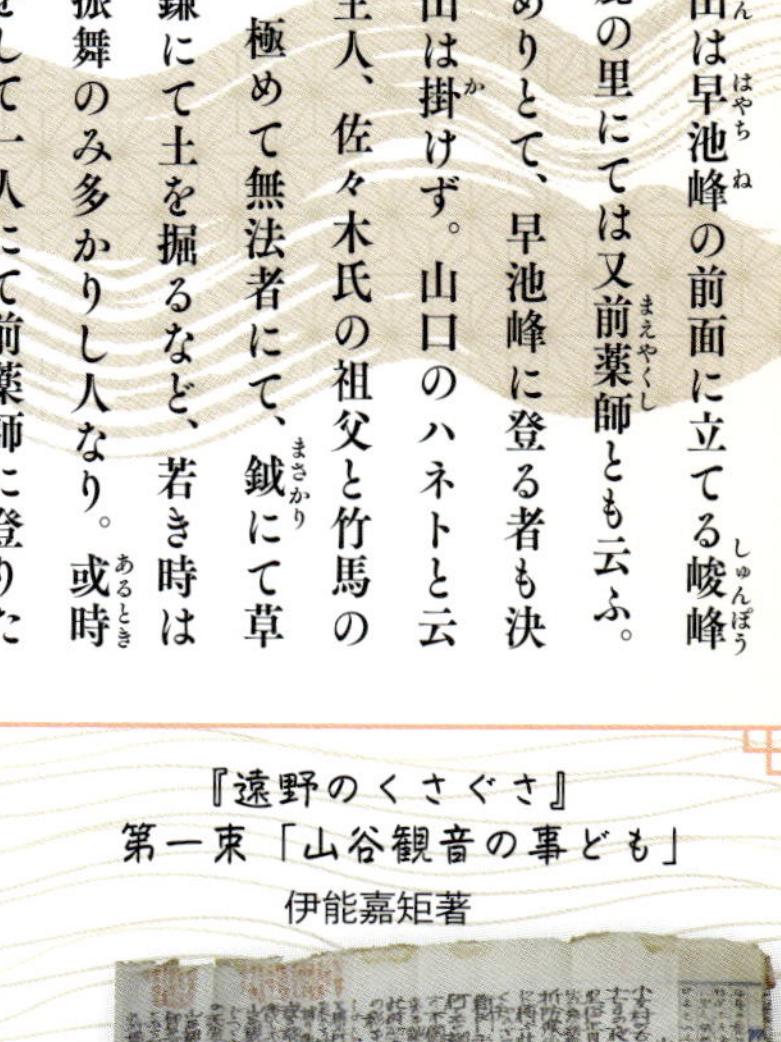

伊能家寄託資料

遠野の一日市《ひといち》に万吉米屋という家があった。以前は繁昌をした大家であった。この家の主人万吉、ある年の冬稗貫郡《ひえぬきぐん》の鉛《なまり》ノ温泉に湯治に行き、湯槽《ゆぶね》に浸っていると、戸を開けて一人の極めて背の高い男が入って来た。退屈していた時だからすぐに懇意になったが、その男おれは天狗だといった。鼻は別段高いという程でも無かったが、顔は赤くまた大きかった。（略）こうして二、三日湯治をして、また逢うべしと言い置いてどこかへ往《い》ってしまった。その次の年の冬のある夜であった。不意に万吉の家にかの天狗が訪ねて来た。今早池峰から出て来てこれから六角牛《ろっこうし》に往く処だ。一時《いっとき》も経《た》てば帰るから、今夜は泊めてくれ。そんなら行って来ると言ってそのまま表へ出たが、はたして二時間とも経たぬうちに帰って来た。六角牛の頂上は思いの外、雪が深かった。そう言ってもお前たちが信用せぬかと思って、これこの木の葉を採って来たと言って、一束の梛《なぎ》の枝を見せた。町から六角牛の頂上の梛の葉の在る所までは、片道およそ五、六里もあろう。それも冬山の雪の中だから、家の人は驚き入って真に神業と思い、深く尊敬して多量の酒を飲ましめたが、天狗はその翌朝出羽の鳥海に行くと言って出て行った。それから後は年に一、二度ずつ、この天狗が来て泊った。（略）酒が飲みたくなると訪ねて来るようにも取られる節があった。そういう訪問が永《なが》い間続いて、最後に来た時にはこう言ったそうである。おれももう寿命が尽きて、これからはお前たちとも逢えぬかもしれない。形見《かたみ》にはこれを置いて行こうと言って、著《き》ていた狩衣《かりぎぬ》のような物を脱いで残して行った。そうして本当にそれきり姿を見せなかったそうである。（後略）

「遠野物語拾遺」九八話より

六角牛山（遠野市青笹町）

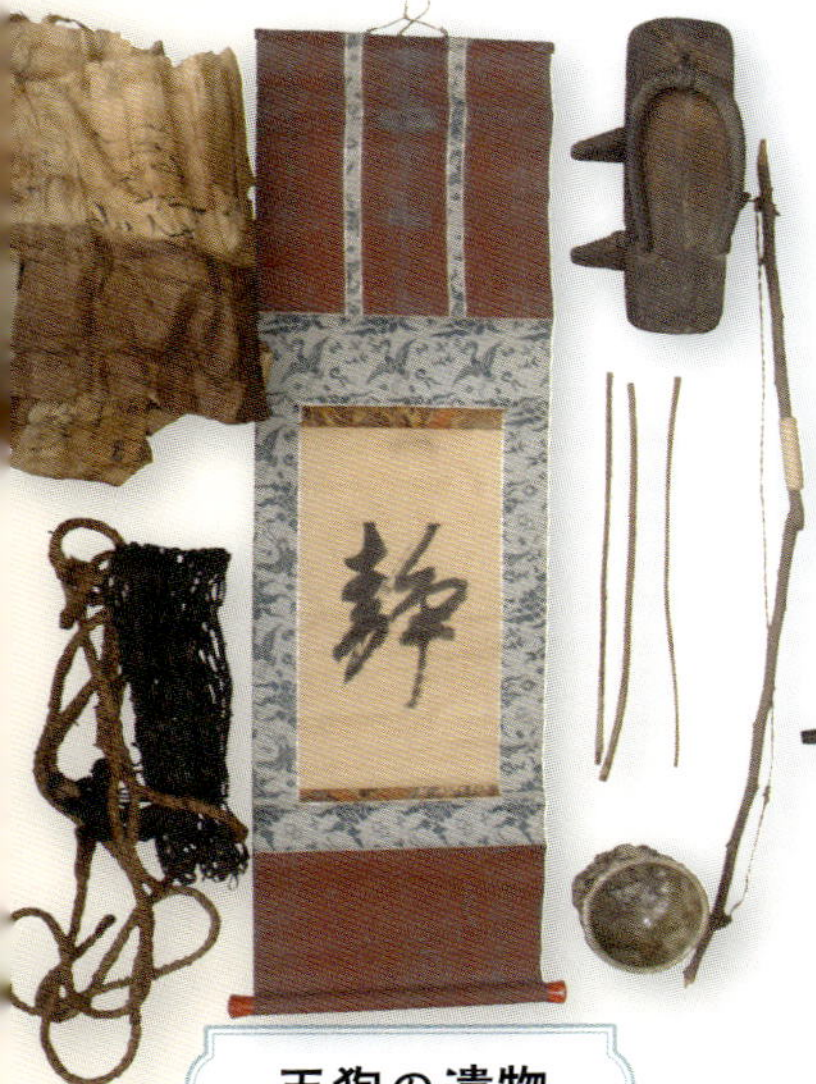

天狗の遺物

万吉の家に代々伝えられてきた天狗の残した形見。

遠野市立博物館蔵

天狗の絵馬

遠野市立博物館蔵

温泉で天狗と
意気投合しちゃう
なんて！

万吉の家を訪れていたのは清六天狗という名の天狗だった。この絵馬は、清六天狗が万吉の家に行く際、酒を買いに立ち寄ったという酒屋・東屋が伊勢両宮神社（遠野市六日町）に奉納したもの。

旗屋《はたや》の縫《ぬい》と妖怪

貞任山《さだとう》には昔一つ眼に一本足の怪物がいた。旗屋の縫という狩人が行ってこれを退治した。その頃はこの山の付近が一面の深い林であったが、後に鉱山が盛んになってその木は大方《おおかた》伐られてしまった。

「遠野物語拾遺」九六話より

旗屋の縫が早池峰山へ狩りに行って泊っていると、大きな青入道が来て、縫に智恵較べをすべえと言った。縫は度胸の据った男であったから、よかろうと答えて、まずその青入道に、いくらでもお前が小さくなるによいだけ、小さくなって見ろと言った。すると青入道は見ている間に小さくなったから、縫はそれを腰の火打箱に入れておいた。翌朝になって火打箱を開けて見たら、小さな青蜘蛛が中に入っていたそうな。

「遠野物語拾遺」一八五話より

畑屋観音堂（遠野市上郷町）

旗屋の縫

遠野市上郷町畑屋にいたと言われる狩りの名人。縫の伝説には魔物退治が多く、毒蛇や猿の経立、鹿の妖などと戦っている。今も縫が建立したとも、縫の霊を祀ったとも言われる畑屋観音堂がある。

早池峰山

猿の経立《ふったち》

此《この》地方にて子供をおどす語《ことば》に、六角《ろっこ》牛《うし》の猿の経立が来るぞと云ふこと常の事なり。此山には猿多し。緒桛《おがせ》の滝を見に行けば、崖の樹の梢にあまた居り、人を見れば遁《に》げながら木の実などを擲《なげう》ちて行くなり。

『遠野物語』四七話より

貉堂《むじなどう》

貉堂（遠野市上郷町）

上郷村《かみごうむら》字板沢《いたざわ》の曹源寺《そうげんじ》の後の山に、貉堂という御堂があった。昔この寺が荒れて住持も無かった頃、一人の旅僧が村に来て、この近くの清水市助という家に泊った。そこへ村の人が話を聴きに集まって、色々の物語をするついでに、村の空寺に化物が出るので、住職もいついてくれず困っているという話をすると、それなら拙僧が往って見ようと、次の日の晩に寺に行くと、誰もおらぬといったのに寺男のような身なりの者が一人寝ていた。変に思ってその夜は引返し、翌晩また往って見たがやはり同じ男が寝ている。こやつこそ化物と、くわっと大きな眼を開いて睨《にら》めつけると、寺男も起直って見破られたからは致し方が無い。何を隠そう私はこの寺に久しく住み、七代の住僧を食い殺した貉だと言った。それから釈迦如来の檀特山の説法の有様を現じて見せたとか、寺のまわりを一面の湖水にして見せたとかいう話もあり、結局本堂の屋根の上から、九つに切れて落ちて来て、それ以来寺には何事も無く、今日まで続いて栄えているという話になっている。山号を滴水山というのも、その貉の変化《へんげ》と関係があるとの様に語り伝えている。

「遠野物語拾遺」一八七話より

狐

多賀神社（遠野市遠野町）

遠野の六日町《むいかまち》の外川某の祖父は、号を仕候といって画をよく描く老人であった。毎朝散歩をするのが好きであったが、ある日早くこの多賀《たが》神社の前を通ると、大きな下駄が路に落ちていた。老人はここに悪い狐がいることを知っているので、すぐにははあと思った。そうしてそんなめぐせえ下駄なんかはいらぬが、これが大きな筆だったらなあといったら、たちまちその下駄が見事な筆になったそうである。老人はああ立派だ。こんな筆で画をかいたらなあといって、さっさとそこを去ったという。またある朝も同じ人がここを通ると、社の前の老松が大きな立派な筆になっていたという。近年までもその松はあった。この神社の鳥居脇には一本の五葉《ごよう》の松の古木があったが、これも時々美しい御姫様に化けるという話があった。

「遠野物語拾遺」一九四話より

遠野の里や山はもちろん、まちなかにもたくさんの不思議なモノがいる。
神様や仏様、狐狸妖怪のたぐいまでさまざまだ。
ここでは『遠野物語』「遠野物語拾遺」からまちなかの不思議スポットをピックアップした。

新穀町：現在の町名
材木町：「遠野町旧図」における町名（明治初年）

14　万福寺【拾 167　死にかけた子供の魂】
15　鍵町の橋の上【拾 229　抜け首】
16　一日市の作平といふ家【拾 93　釜鳴神】※
17　華厳院（舘林家）【拾 63　火事を防いだ仏様】※
18　中館家【拾 173　2人の奥方】※
19　万吉米屋【拾 98　天狗】※
20　池端家【遠 27　池の端の石臼】
21　お大師様【拾 54　子どもと遊ぶお大師様】
22　欠ノ上稲荷神社【拾 188　不思議な病人】
23　会下の十王堂【拾 53　子どもと遊ぶ仏様】
【拾 68　田植えを手伝う十王様】

《凡例》
地図番号　場所　話数　内容
20　池端家【遠 27　池の端の石臼】
遠：遠野物語
拾：遠野物語拾遺

※現存しない場所や公開していない場所も掲載しています。
見学する際はルールを守りましょう。

遠野まちなか不思議妖怪マップ

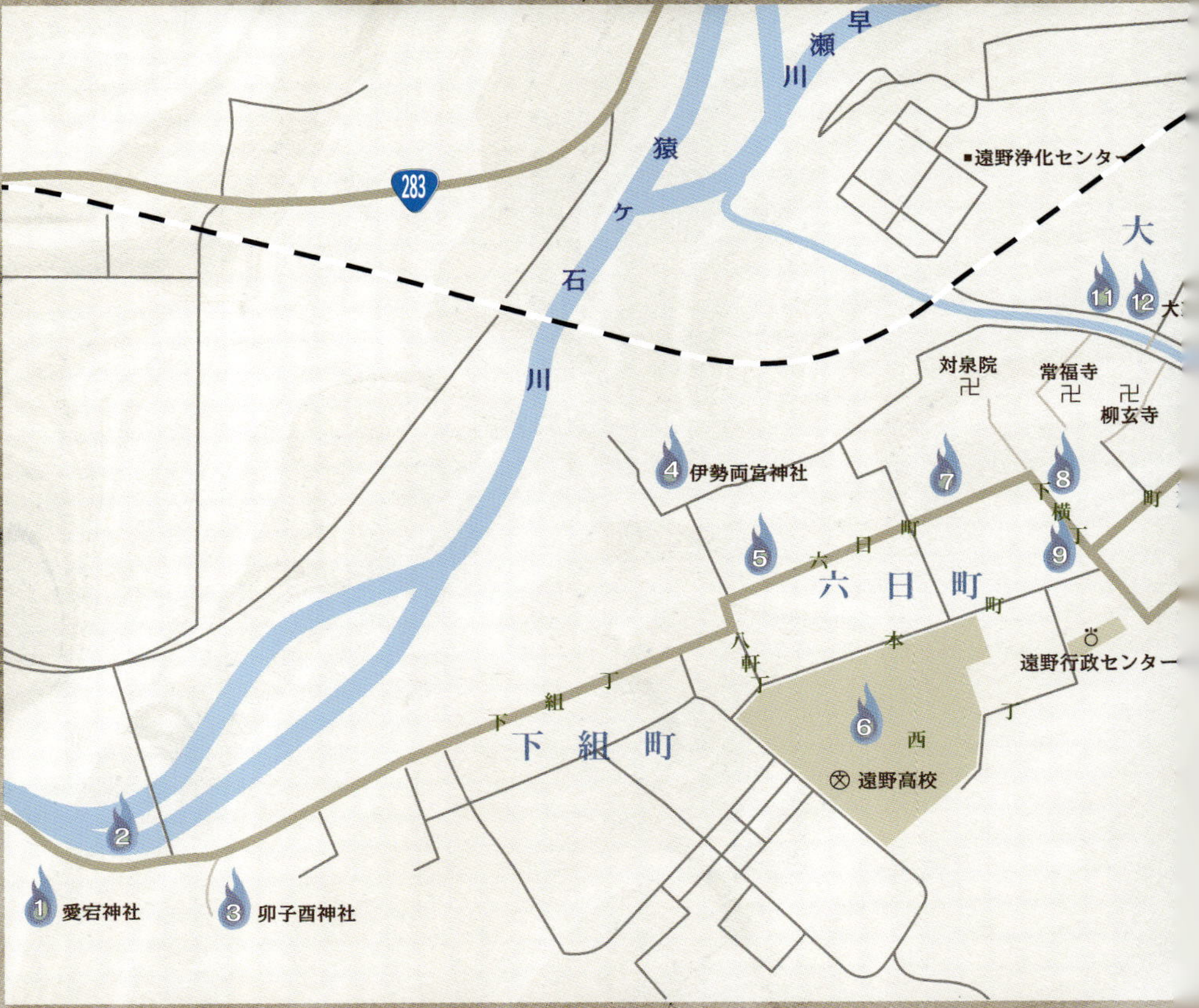

1　愛宕様【拾 64　火防の神さま】
2　愛宕下【拾 195　人を化かす狐】
3　卯子酉様【拾 35　淵の主】
4　大徳院（伊勢両宮神社）【拾 150　物見山を呑んだ夢】
5　六日町の綾文と謂ふ家【拾 172　大入道】※
6　是川家【拾 174　浄瑠璃を語る化け猫】※
7　鍛冶職松本三右衛門【拾 192　石を降らす狐】※
8　下横丁の青柳某家【拾 62　火事を防いだ阿弥陀様】※
9　旧村兵商家【拾 88　蔵ぼっこ】
10　多賀神社【拾 193　人を化かす狐】【拾 194　御姫様に化ける松】
11　大慈寺【拾 196　狐の婚礼】
12　寺町の裏【拾 137　幽霊金】
13　善明寺【遠 87　さまよい出た魂】

トピックス

遠野のヨメ日記

結婚を機に遠野で暮らし始めた女性の、体験を元にした架空の絵日記です。家の神々、里の食事、家族の風景、里の手仕事などがつづられています。その内容をここでちょっとだけご紹介！

イラスト：佐藤 郁子

博物館の展示室で読めます！

自己紹介「私の遠野物語」

私の名前は菊池京子（旧姓は東）。東京生まれの私が、遠野の菊池家に嫁入りして10年目だ。出版社に勤めていた私は、取材で遠野を訪れ、菊池梅男さんと出会い、遠野に嫁いできて3人の娘にめぐまれた。結婚当初は、遠野に慣れようと無我夢中だった。でもこの頃は落ち着いてきたので、遠野暮らしを日記につづってみようと思い立った。いつかこれが私の「遠野物語」になることを願いながら……

12月31日（雪）

家の神様

今年も今日で最後。うちの男衆が、門松を立て、神棚にしめ縄や幣束《へいそく》、御歳神《おとしがみ》を飾った。我が家に限らず遠野の神棚は大きくて、たくさんの神仏を一緒におまつりしている。

我が家のカミサマ、おかげさまで今年も無事過ごすことができました。

どうか来年も私たちをお守りください。

1月16日（雪）

オシラ遊び

今日は年に一度のオシラサマのお祭りである「オシラ遊び」の日。

ばあちゃんが、ふだん仏壇の下にしまっているオシラサマを出してきて、祭壇を作って飾り、「オセンダク」という新しい布を１枚かぶせて、小豆がゆとお餅を供えて今年の豊作や家内安全をお祈りする。ばあちゃんいわく「オシラサマは子供好きな神様」なので、娘たちにオシラサマをさわらせたり背負わせて遊ばせた。オシラサマがなんとなくうれしそうな顔に見えたのは気のせいかな？

1月24日（晴れ）

狩りのおすそわけ

となりの家の丑松おんちゃがワナでウサギを捕ってきたといっておすそ分けがあった。ウサギの肉といえばやっぱりカレー！　カレーが大好きな子供たちは大喜び。解体はとうさんがやってくれた。ウサギ肉なんて、遠野に来て初めて食べたけどなかなかおいしい。

3月18日（くもり）

百万遍

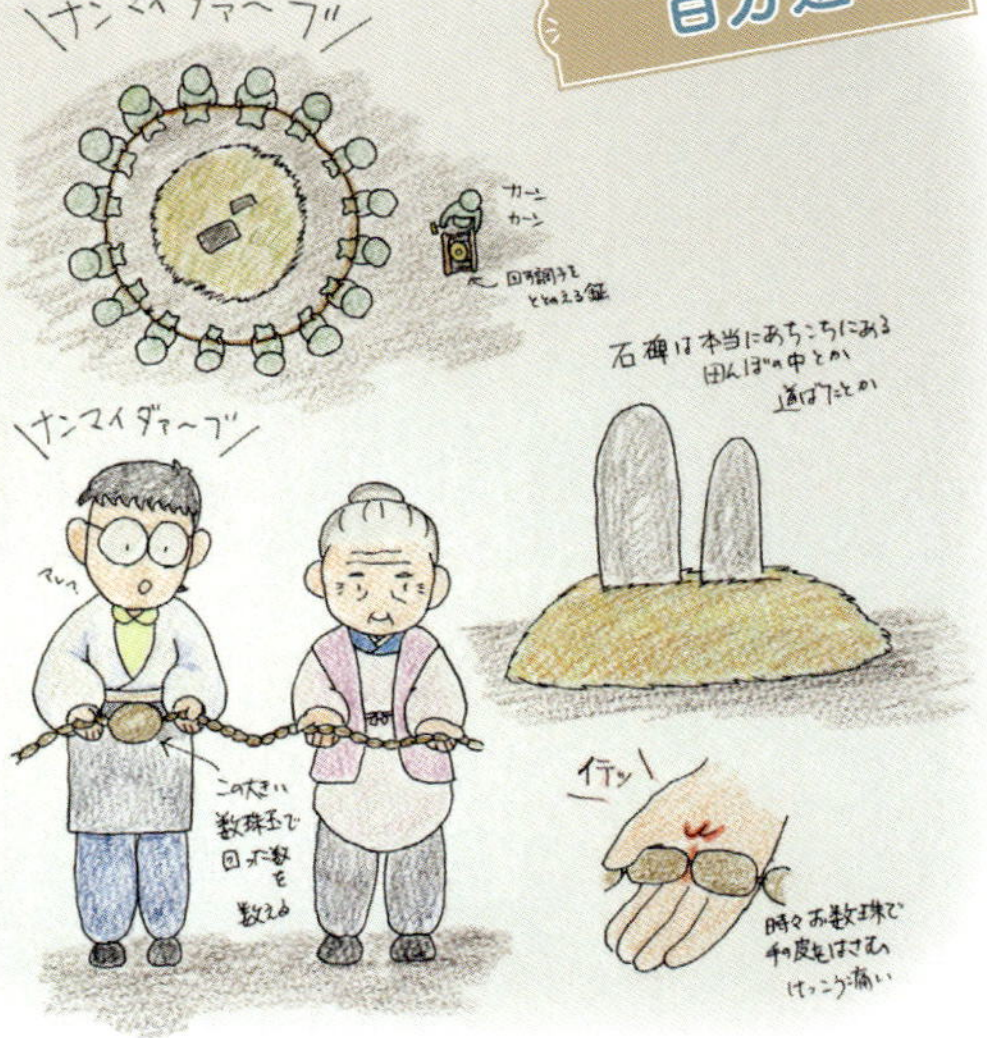

辻の石碑があるところで、春彼岸の百万遍があるというので、ばあちゃんに連れられて参加した。「ヒャクマンベン」って何かと思ったら、村のおばあちゃんたちが、「ナンマイダァブ、ナンマイダァブ」と念仏を唱えながら、大きな数珠をぐるぐるまわしていた。

まさか100万回となえるのかな…⁉と思ったら、1人だいたい100回くらいとなえて終わった。その後、近所の公民館に集まって持ち寄った団子やお菓子、漬物、煮しめを食べながらお茶飲み話して過ごした。ばあちゃんたちにはこれがとても楽しみらしい。

5月31日（晴れ）

そら手の神様

今日は母さんと田植え。田植えは「早乙女（ショドメ）」といって主に女性の仕事。初めて田植えした時は、手や手首がはれて痛くて大変だった。腰ならわかるけど、なんで手が痛いの？と思ったけど、遠野では「そら手」とか「突き手」といって、慣れないと不自然に手に力が入ってなるのだそうだ。

昔の人は、治すのにそら手（突き手）の神さまを拝んだそうだけど、私はとりあえず貼り薬で治った。

飢饉とワラビの根もち

7月3日（雨）

台所のすみから白い粉が入った古い小さな布袋が出てきた。ばあちゃんから「それハァ、ワラビの粉（ハナ）だ、捨てねでけろ」といわれた。遠野は昔から飢饉にみまわれていたところだ。食料がなくなると山へ行ってワラビの根を掘り、そのでんぷんで餅を作ったのだそうだ。「今はぁ、こったなもの食べねでもよくなったども、なんか捨てるのバチあだる気がしてなぁ」といった。

娘にもいつか飢饉のことを教えてあげたいと思ってもとに戻した。飢饉て意外と最近まであったってことなんだ。

7月30日（晴れ）

ワラ人形で厄除け

「今日は、虫送りさ行って来たよ」と娘たちが言った。虫送りは、稲や農作物の害虫を追い払う行事。こわい顔をしたワラ人形を先頭に、子供たちがたいこや空きカンなどをたたき、唱え言葉ではやしながら、行列してねり歩き、最後にワラ人形は村のさかいにおいていく。

娘たちは、よほどおもしろかったらしく、家の中でも「祭るよ、祭るよ、虫祭り祭るよ、なに虫祭るよ、ドロンコ虫祭るよ」と唱えてまねして歩いていた。

9月1日（雨）

ザシキワラシ

遠野には「ザシキワラシ」のお話がある。家の座敷にいる子供の姿をした神様で、ザシキワラシがいる家は栄えると言われている。誰もいない部屋から鼻をすする音や足音がしたとか、ほこりの上に小さな足跡があったり、家を出て行くのを目撃されたとか、子供にしか見えないとか。ふだんは使わないうす暗い座敷は、確かにザシキワラシがいそうな感じがする。我が家では誰も見たことがないというけど、1歳の花子が誰もいないはずの座敷に向かって笑いかけている時がある。

もしかして……。

9月23日（晴れ）

しし踊り

村の神社のお祭りでしし踊りの奉納があった。遠野の祭りには、郷土芸能が欠かせない。ダンナもシシを踊った。普段はおとなしいが、一度シシ頭をかぶると、幕をふり、カンガシラをなびかせて激しく踊るので別人のようにかっこいい。梅男さんとの出会いも、しし踊りだったのを思い出し、ちょっと照れくさくなった。しし踊りで「ふくべ」を踊っていたおとなりの太郎くんも「梅男おんちゃみたいに、早くシシ踊りたい」と言っていた。

第四章

遠野の呪術の世界

昔ある処に貧しき百姓あり。妻は無くて美しき娘あり。又一匹の馬を養ふ。娘此《この》馬を愛して夜になれば厩舎《うまや》に行きて寝《い》ね、終《つい》に馬と夫婦に成れり。或夜父は此事を知りて、其《その》次の日に娘には知らせず、馬を連れ出して桑の木につり下げ

て殺したり。その夜娘は馬の居らぬより父に尋ねて此事を知り、驚き悲しみて桑の木の下に行き、死したる馬の首に縋《すが》りて泣きゐたりしを、父は之を悪《にく》みて斧を以《もっ》て後《うしろ》より馬の首を切り落せしに、忽《たちま》ち娘は其首に乗りたるまま天に昇り去れり。オシラサマと云ふは此時より成りたる神なり。

『遠野物語』六九話より

遠野盆地の雲海

撮影　浦田穂一

呪符とまじない

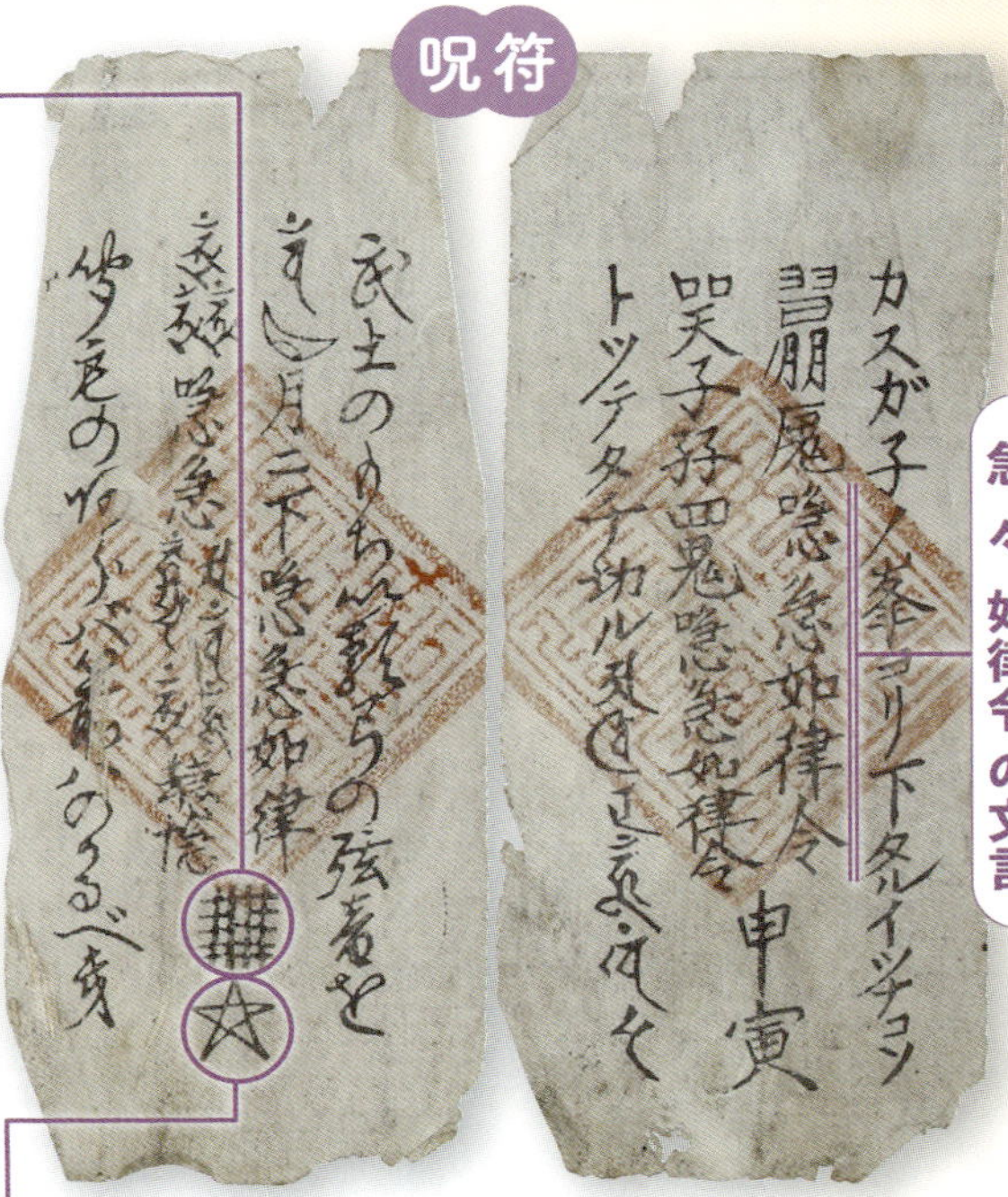

九字《くじ》

古代中国の道教の古典『抱朴子（ほうぼくし）』がその起源とされている。山に入る時に唱える呪文として「臨兵闘者皆陣列前行」と記されており、日本に伝えられて陰陽道、仏教、修験道などと結び付き、護身のための呪文として用いられるようになった。日本では「臨兵闘者皆陣列在前」と唱えられることが多い。

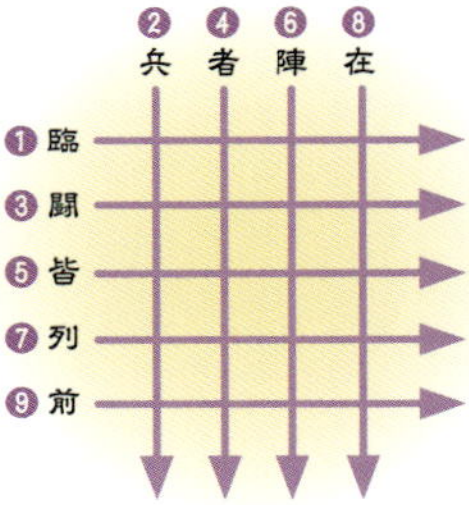

五芒星《ごぼうせい》

五つの頂点を持つ星形の記号。陰陽道では陰陽師・安倍晴明にちなみ、晴明桔梗紋とも呼ばれている。魔除けの効果がある記号として信仰された。

厄除けとして身に付けたり、戸口などに張り出されたもの。「急々如律令」の言葉と魔除けの五芒星や九字が記されている。五芒星は、五つの頂点を持つ星形の記号である。陰陽五行説（いんようごぎょうせつ）の木・火・土・金・水の五つの元素の相克を表現しており、全ての部分が閉じていることから、魔物が入り込む余地がないとされた。九字の縦横の線は結界で、ここに迷い込んだ魔物は抜け出せなくなると考えられた。

遠野市立博物館蔵（この見開きすべて）

呪術とは、神や精霊など人智を超えた超自然的な存在の力を借りて、目的を達成させようという行為で、災厄を避けたい、望みを叶えたいと願う人びとによって古くから行われていた。特にその目的の達成が通常の方法では困難な時や、それを望む気持ちが強い場合によく行われる。

昔から日本では言葉には呪力があると考えられてきた。言霊《ことだま》とも言われ、言葉に宿る霊力が、言語表現の内容を現実に実現することがあると信じられてきた。言霊の信仰によって言葉を積極的に使って言霊をはたらかせようとする考えと、言葉の使用を慎んだり避けたりする考えとの二つの面がある。

正月十五日頃の小正月に行われる「成木責《なりきぜめ》」は、年頭にあたってその年の豊作を祈願する民俗行事の一つで、果樹に向かって刃物を向け「成るか成らぬか、成らねば切るぞ」

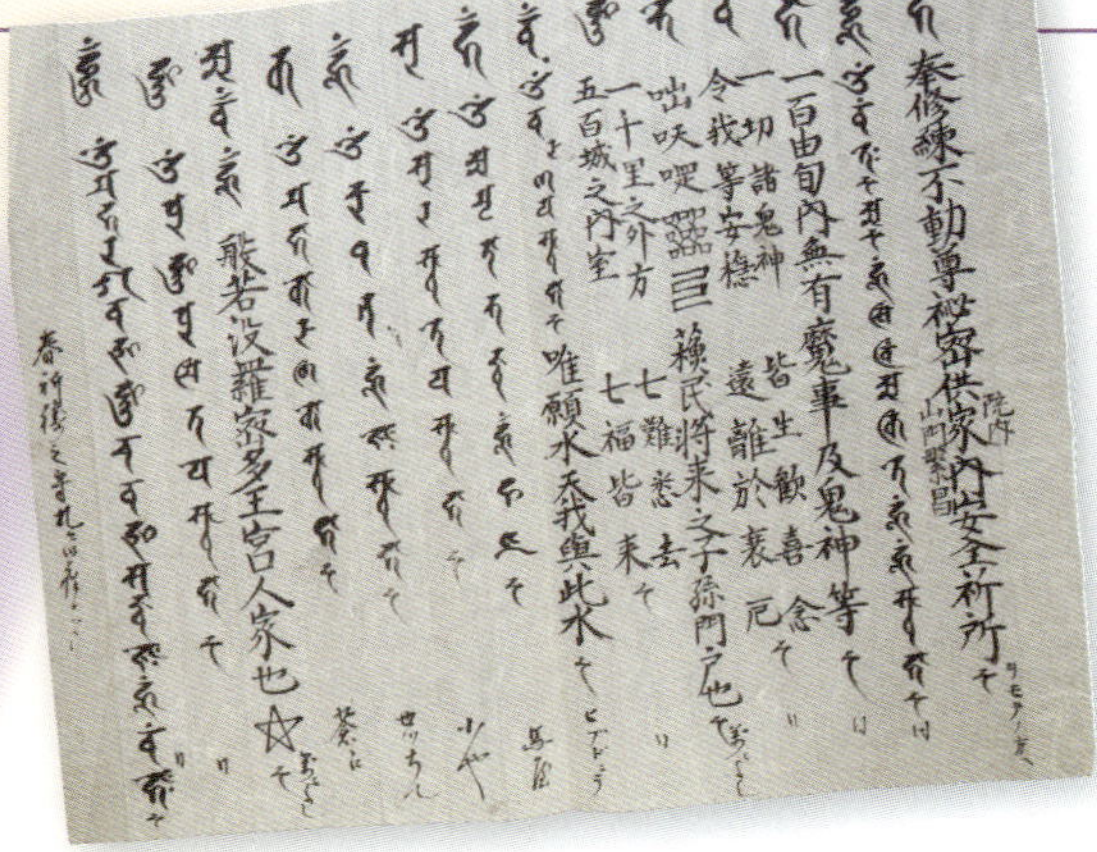

春《はる》祈《き》禱《とう》呪符一覧

「蘇民将来之子孫門戸也」「七難悉去七福皆来」などが記されており、家内安全や除災招福を祈る春祈禱の際に使用する呪符を記載したもの。呪符見本の下には「馬屋」「小屋」「せっちん」などの呪符を設置する場所が記されている。

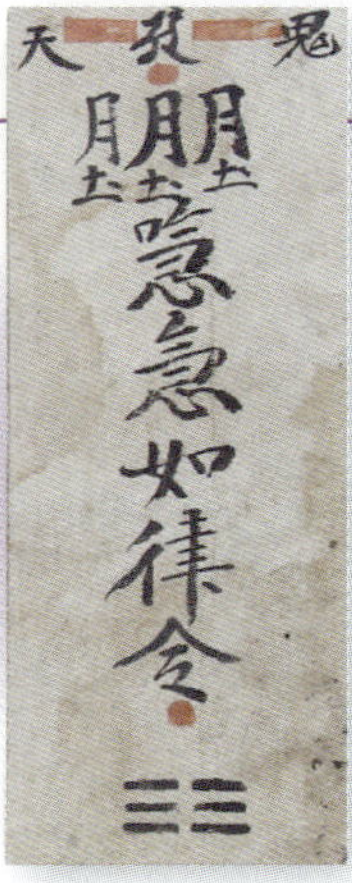

急々如律令

「急々に律令（法律）の如くに行え」との意味で、元は古代中国の行政文書で速やかに命令が実現されるようにという定型句として用いられていた。この文言が日本に伝わり、呪符の決め言葉として定着したとされる。

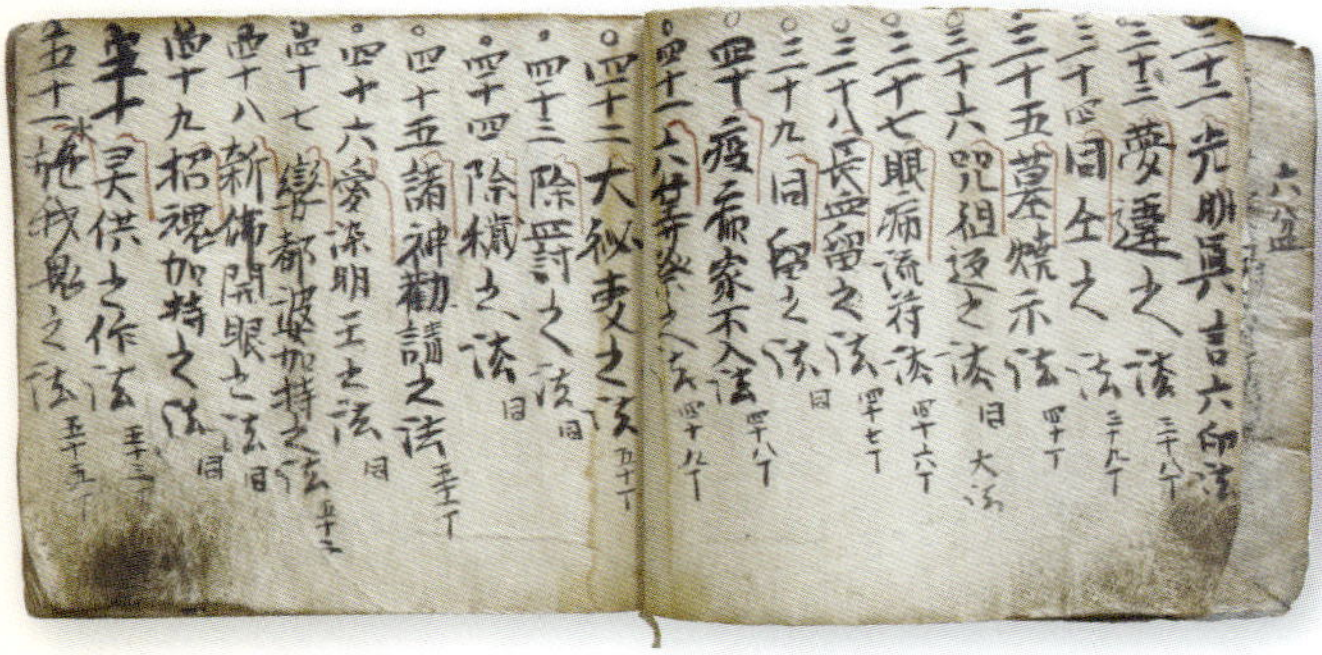

諸法集

「庚申待之法」「疫病家不入法」「除穢之法」「疫病加持之法」など102種類の呪法について記載した書。

元は法律の
用語
なんだね

「成ります、成ります」という問答を行う。これによってその樹木は秋にたくさんの実をつけることが約束されたと考えるのである。

　言葉の使用を避ける例としては忌《い》み言葉がある。忌み言葉は、特定の時や場所で口にしてはならない言葉やその代わりに用いる言葉で、猟師が山中で使う山言葉や漁師が海上で使う沖言葉などがある。神や神聖な場に近づく際には不浄なものや行為を避けるだけではなく、それを言葉にすることも忌み、代用語を用いたことから生み出されたとされる。日常生活でも結婚式での「切れる、分かれる」、受験生に「落ちる、滑る」などというのは禁句とされている。

　もっと明確に呪力を発揮させるために唱えたりお札《ふだ》に書かれる言葉を呪文という。また、呪文を書いたお札やお守り、店先に置かれた福助人形など、それ自体が呪力を宿したものを呪物という。
本章では遠野や岩手県内を中心に庶民の間で伝えられてきた様々なまじないについて文献資料や民俗資料を通して紹介する。

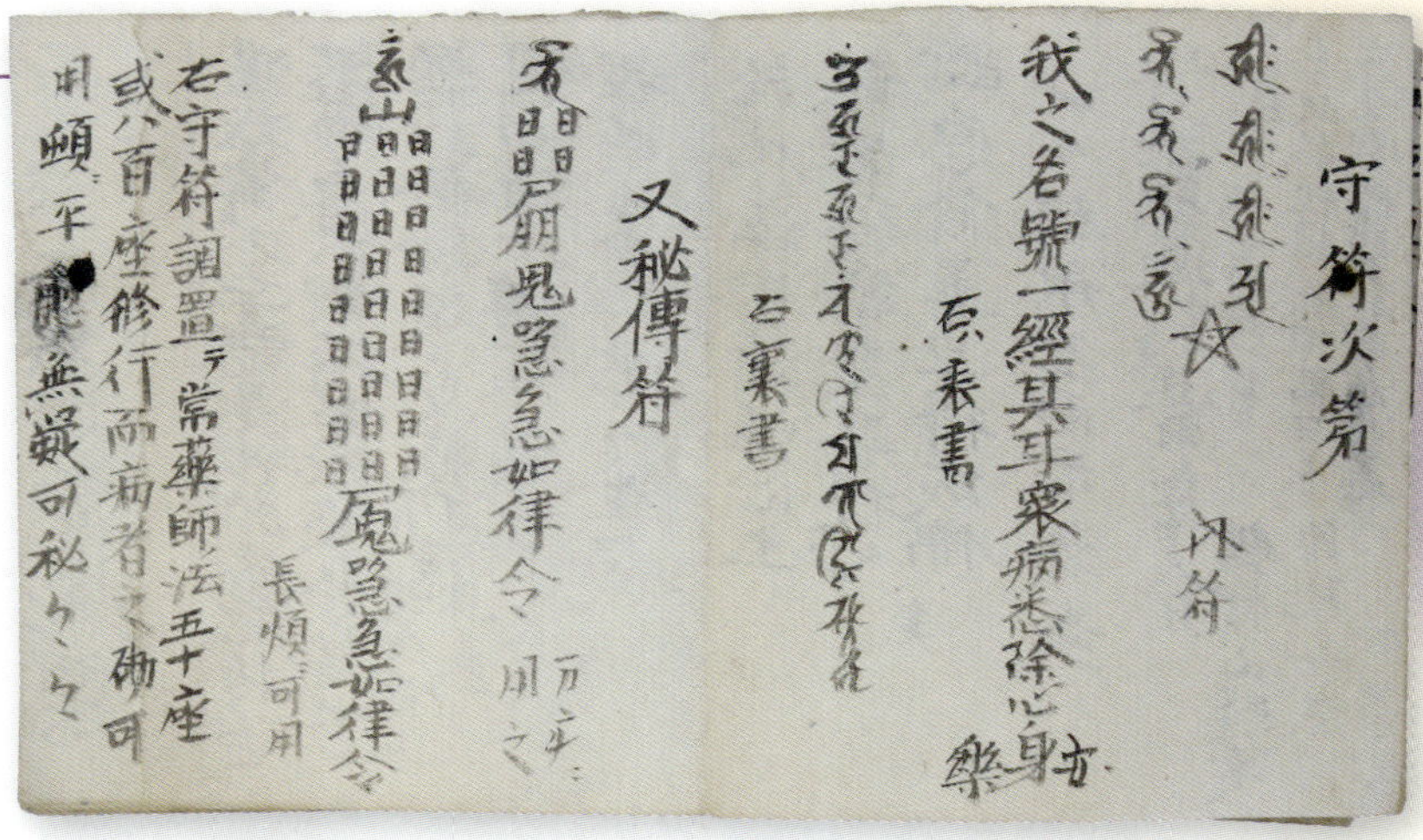

守符次第

守符とは護符、呪符とも呼ばれ、神仏の名や形像、種子、真言などを記した札で、身に付けたり壁に張ったりして神仏の加護や除災を願うまじない札。本資料は病除け、病気平癒の符の書き方について記したもの。

遠野市立博物館蔵（この見開きすべて）

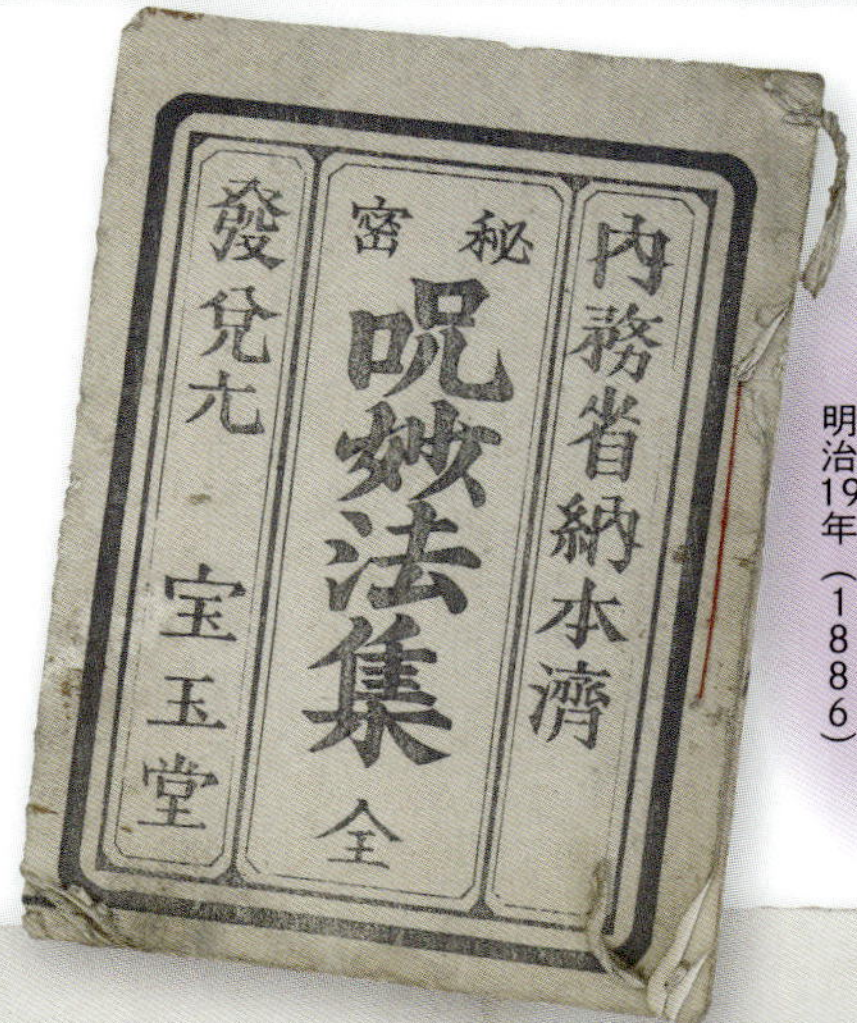

『秘密 呪妙法集 全』
明治19年（1886）

民間療法から呪符の書き方や呪法などが収められている。このページには「ぬす人よけの法」「ぬす人をあらわす法」「かぜをひかぬ法」などの呪法が記されている。

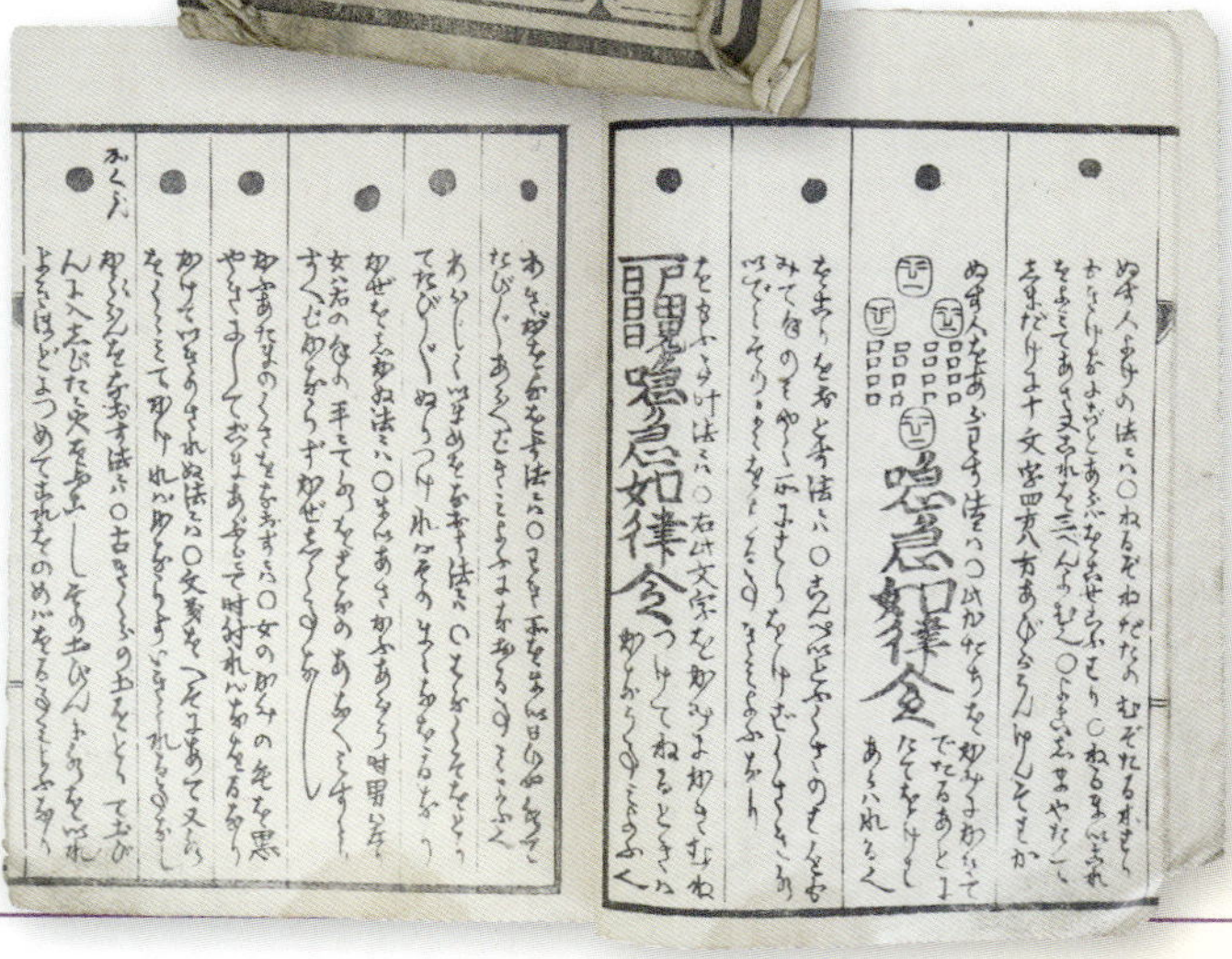

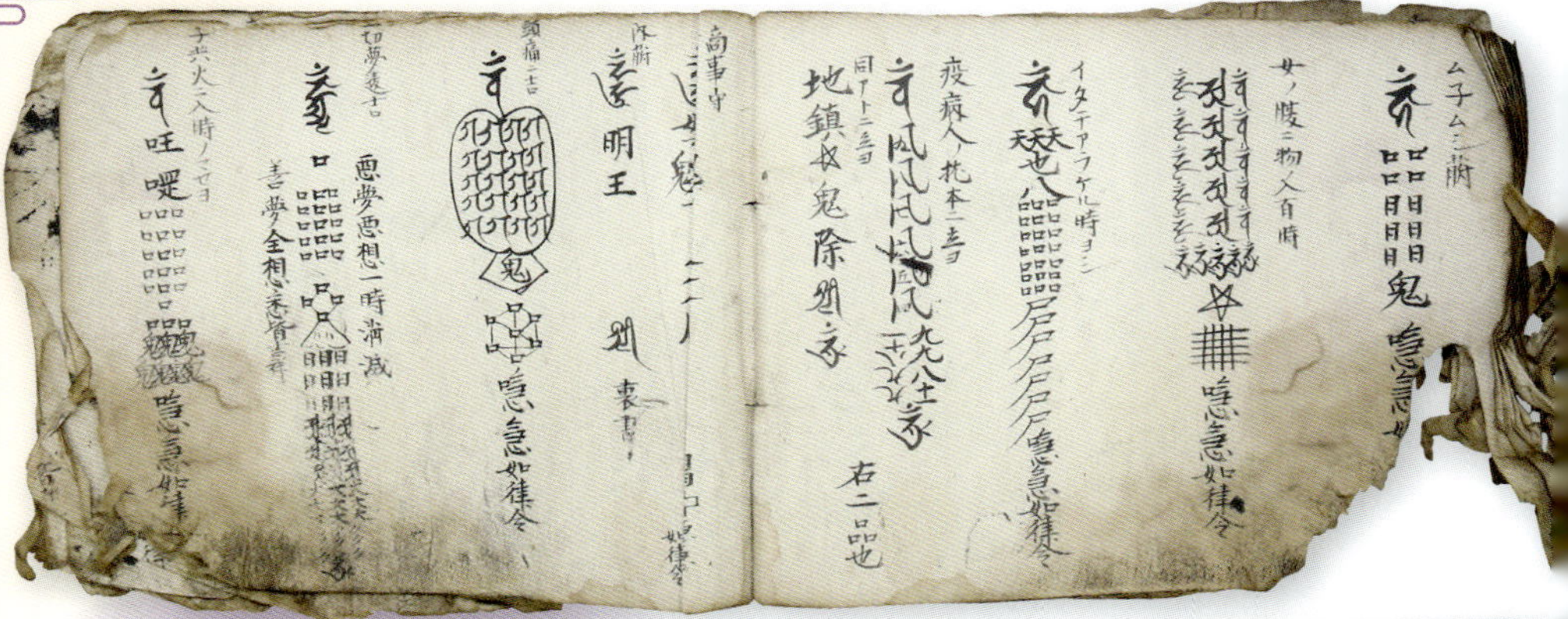

修験者に伝授された呪法書

元文4年（1739）に遠野の修験者・良厳院に伝授された呪符の書き方や呪法について記した書。ここには疫病除けや身体の不調、悪夢を除ける符などが記されている。「イタチアラケル時ヨシ」「疫病人ノ枕本ニ立ヨ」「頭痛ニ吉」「一切夢違吉」など。

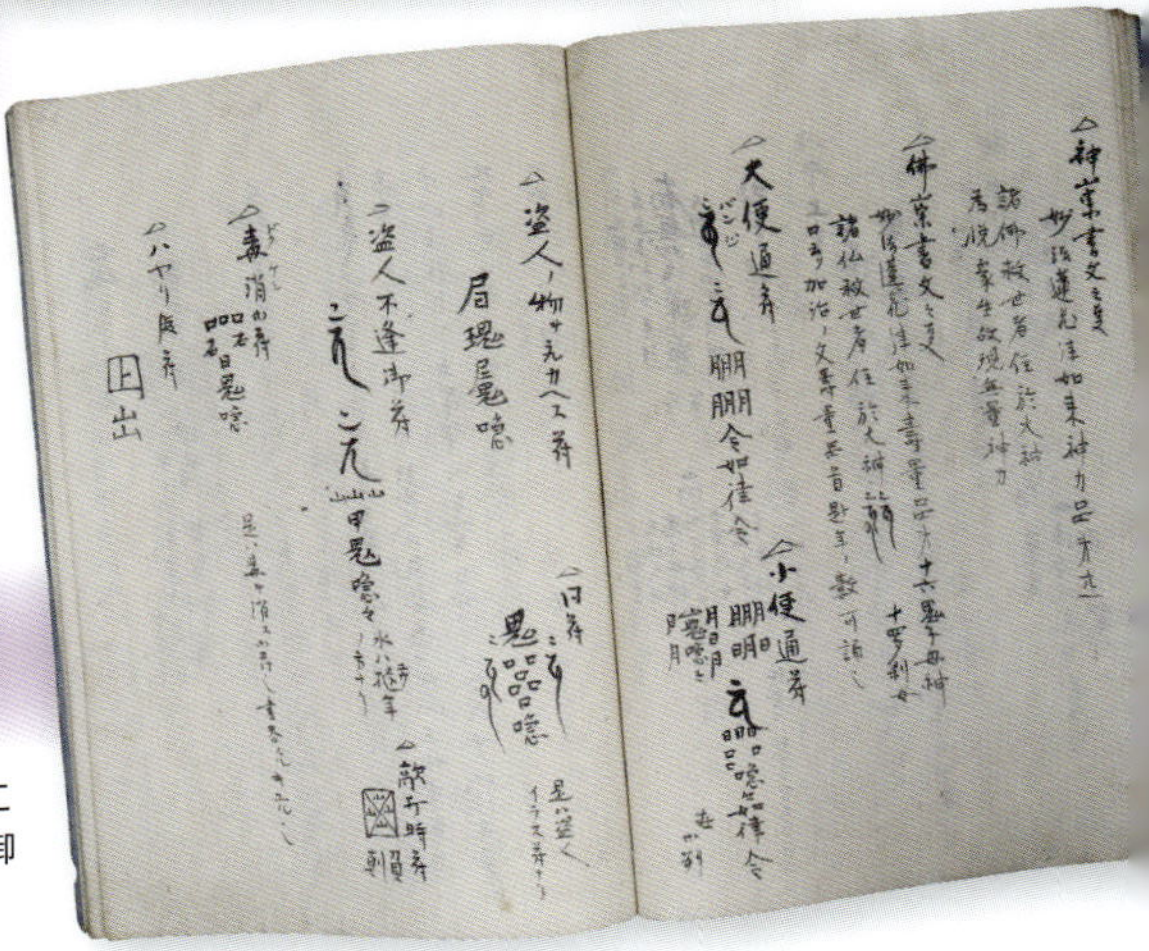

呪符解説書

呪符の書き方や呪法について記した書。ここには「盗人ノ物ヲ取カヘス符」「盗人不逢御符」「毒消御符」などが記されている。

呪符見本

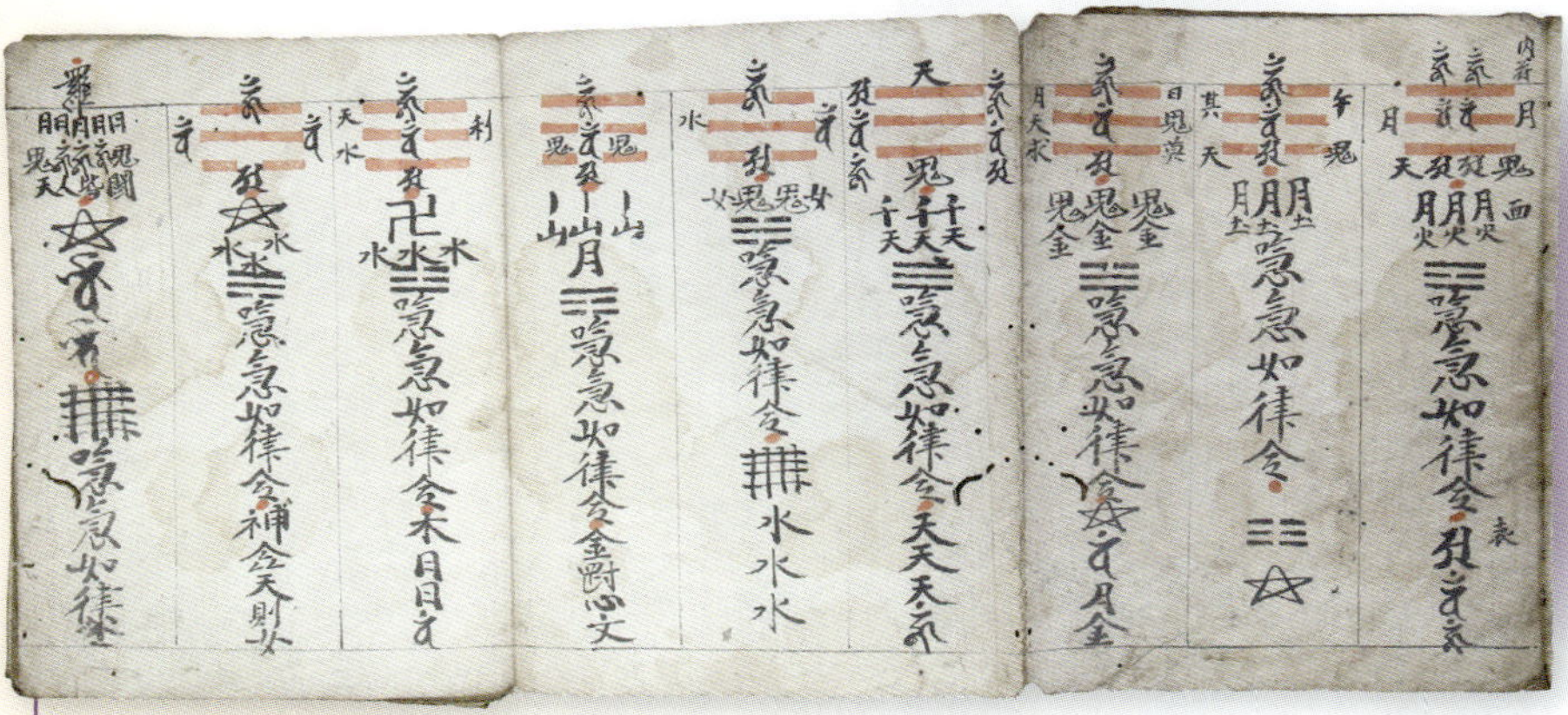

呪符の見本を示したもの。

家の神、オシラサマ

遠野市立博物館蔵

オシラサマ

青森県三戸郡南部町

- 信仰…占いをする神
- 材質…木
- 祭日…正月
- 伝承など

近隣の人たち10〜15人が集まる。参加者は主に女性。正月に集まる人たちの都合のよい日を選び、イタコを呼んでオシラ遊ばせをした。その年の作柄や参加者の健康などを占ってもらった。また参加者はオシラサマで身体の悪いところを叩いてお祓いをしてもらった。オセンダク（着物）は参加者が持ち寄り、前に着せていたオセンダクはお守りとして参加者に渡していた。イタコが高齢となり平成17年（2005）を最後に拝めなくなったため、平成18年3月に当館に寄贈された。

家の神は、家屋内や土地を含めた屋敷内に祀《まつ》られる神で、家や家族を守る神である。屋敷神には、神棚・仏壇に祀る神、台所に祀る神、水場に祀る神、便所の神、厩《うまや》の神などがある。屋外に祀る屋敷神は、稲荷神が多い。一軒で祀る場合と同族で祀る場合がある。

遠野の旧家では家の神としてオシラサマやオクナイサマが祀られた。オシラサマは、桑の木などで二体一組のご神体を作り、主に家の神、養蚕《ようさん》の神、目の神、お知らせをする神として東北地方を中心に信仰される。オシラサマは、明治二十七年（一八九四）、遠野出身の人類学者・伊能嘉矩《いのうかのり》によって初めて全国に紹介され、さらに柳田國男《やなぎたくにお》の『遠野物語《とおのものがたり》』によって養蚕の始まりを伝える馬と娘の話が広く知られるようになった。祭日にはオシラサマにオセンダクと言われる新しい布を一枚着

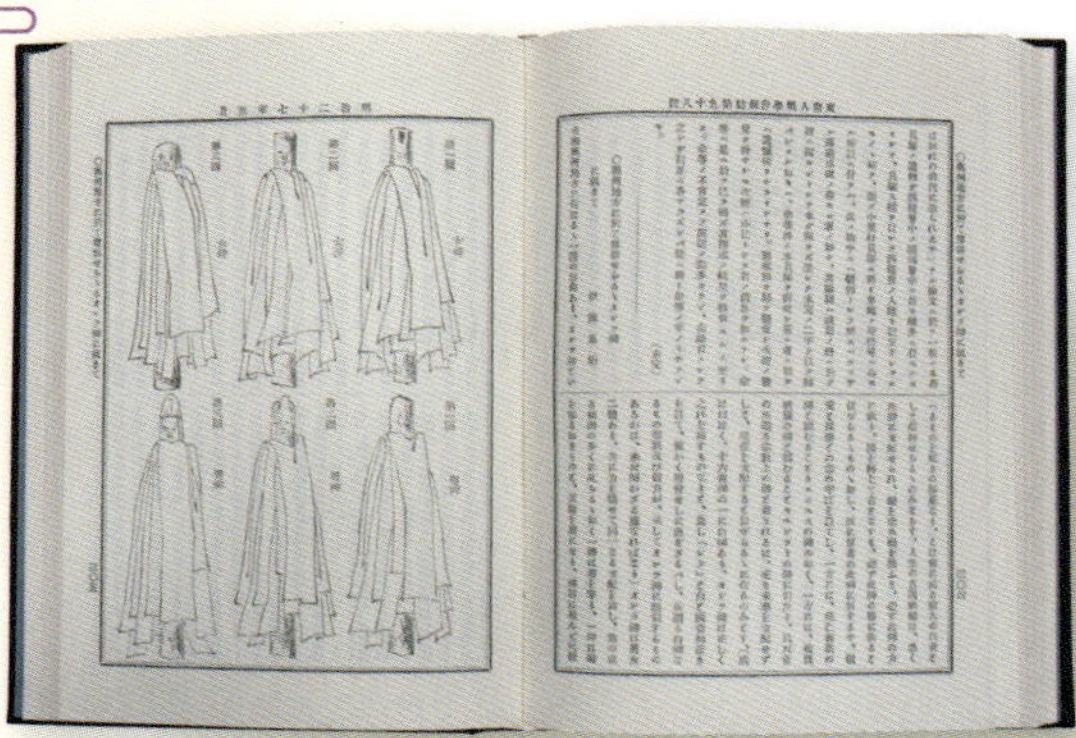

「奥州地方に於いて尊信せらるるオシラ神に就《つき》て」

『東京人類学雑誌』第9巻98号 伊能嘉矩著
明治27年（1894）5月掲載　昭和56年復刻

オシラサマは、この論文によって初めて全国に紹介された。

遠野市立博物館蔵

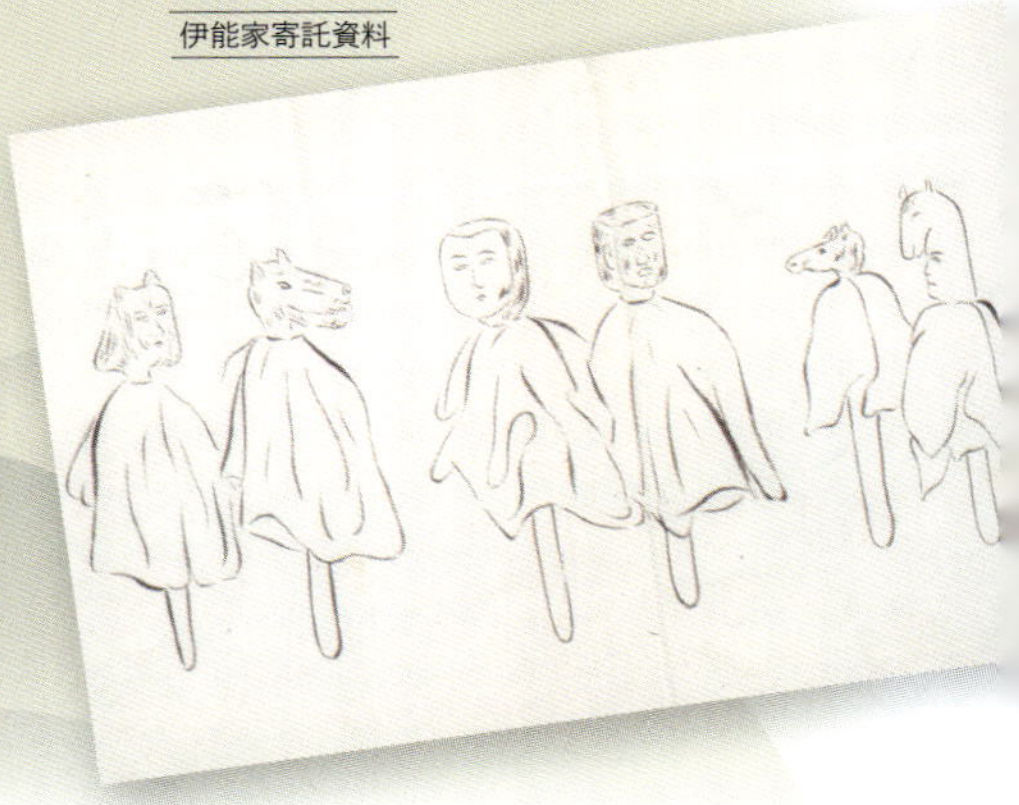

『遠野のくさぐさ』原稿　伊能嘉矩著

オシラサマ図。

伊能家寄託資料

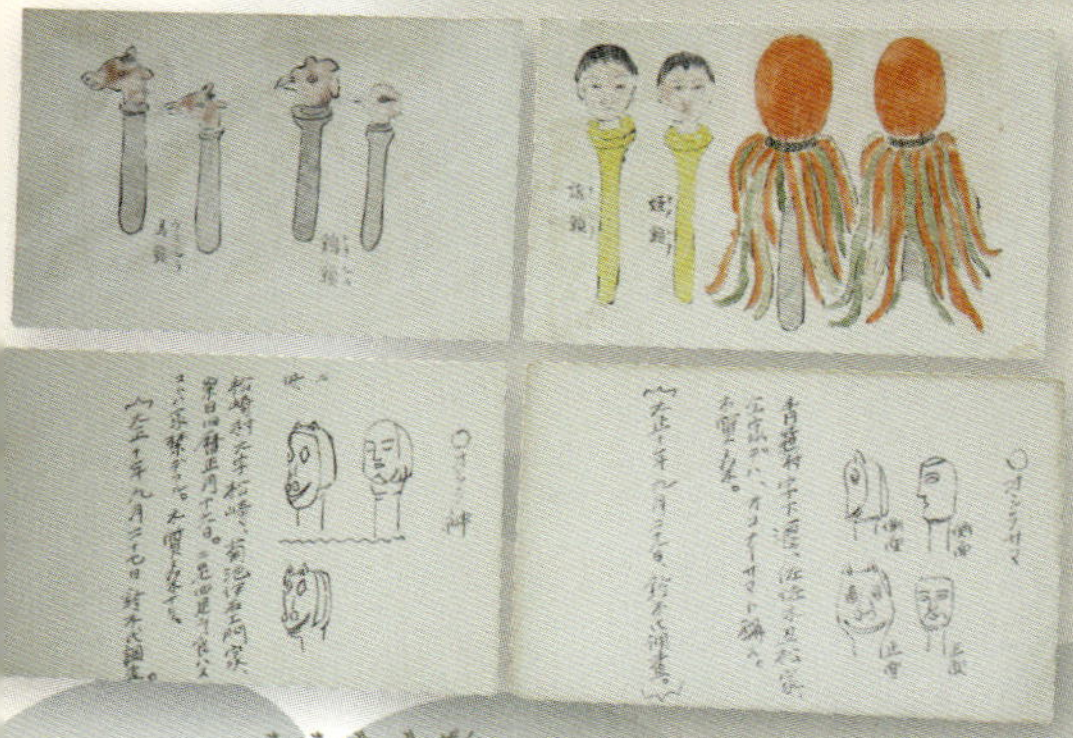

佐々木喜善《ささききぜん》のオシラ神調査カード

上の2枚は菅江真澄「月の出羽路」の御白神の図を写したもの。下の2枚は遠野のオシラサマの調査内容。

佐々木家寄託資料

せて、豊作や家内安全を祈願する。

オクナイサマは遠野地方に伝わる家の神で、オコネサマなどとも呼ばれる。家によって形態は異なり、オシラサマのような棒状のご神体、仏像、掛け軸など様々である。

『遠野物語』や遠野の伝承の中には、家族が病気の時にオクナイサマが農業を手伝った話や、火災の時に神様だけが焼け残った話、肉食の禁忌を破って祟《たた》りを受けた話などが伝えられている。

遠野のオシラサマ

遠野市内には63軒169体のオシラサマがある（2000年遠野市立博物館調査）。呼称はオシラサマが多く、全体の7割以上を占める。オクナイサマ、オコナイサマ、カノキジンジョ、オッシャサマ、ゴヒ、オシラボトケなどと呼ぶ家もある。カノキジンジョは桑の木で作った人形の意。ゴヒは10月に行われる先祖供養のことである。

オシラサマの種類

ご神体には頭を布で包んだ包頭型と頭を布から出した貫頭型がある。貫頭型の頭部には男と女、馬と娘などが彫刻されている。墨で顔を書いたものや、何も書かれていない棒状のご神体もある。遠野市内では貫頭型が7割以上を占める。

オシラサマ

岩手県遠野市上郷町

遠野市立博物館蔵

- **信仰…家の神**
- **材質…桑**
- **祭日…1月16日**
- **伝承など**

祭日には近隣の女性たちが集まり、オシラサマに着物を1枚着せ、ごはん・菓子・果物などを供えて拝んだ。明治の頃に火災にあったが、オシラサマは桑の木の下に出ていて火災を免れた。平成30年(2018)6月に当館へ寄贈された。

オシメサマ

福島県喜多方市

遠野市立博物館蔵

- **信仰…予知をする神**
- **材質…木**
- **祭日…12月31日**
- **伝承など**

祖母が中心となって拝んでいた。神がかりのような感じになって予知などを行っていたという。祭日には着物を1枚着せた。寄贈者の祖母が信仰していたが亡くなったため、平成18年4月、当館に寄贈された。

信仰の言い伝え

一度拝むと一生拝まなければならないという家もあり、その場合、外へ出て行く子どもには拝ませないとか、孫は連れてこないとか、一代限りの時は「オレ一代だけしか拝まない」と断って拝むという。

博物館のオシラサマ

遠野市立博物館は、遠野を中心に東北各地のオシラサマ22組61点を常設公開している。寄託を受けている神様もあり、祭日には寄託者からお菓子やお神酒などが供えられたり、里帰りする神様もいる。

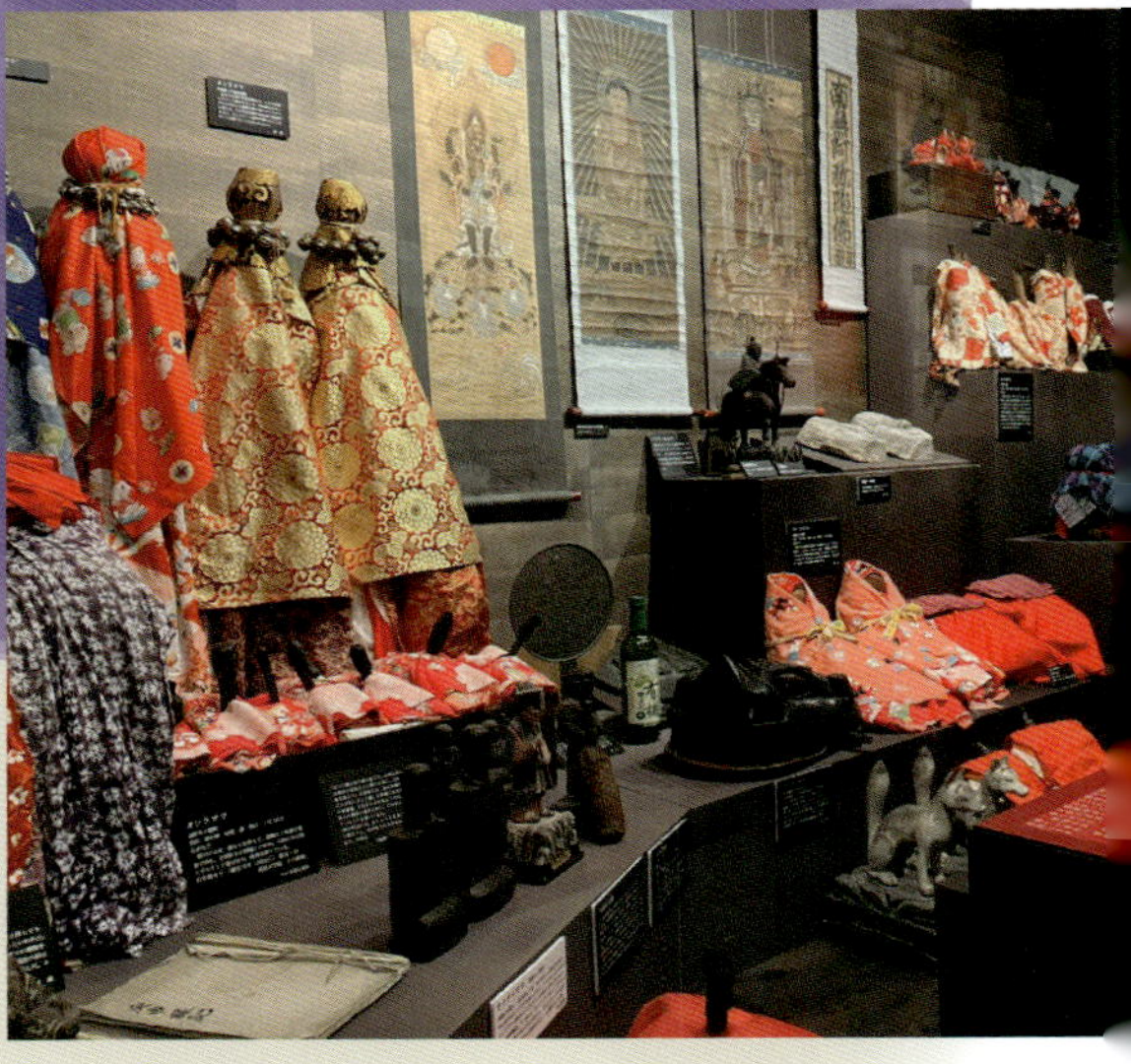

博物館に
来ても、
信仰は続いて
いるんだね

オシラサマ

岩手県遠野市小友町
遠野市指定文化財

紀年銘（表）
「文禄三年三月十六日」

紀年銘（裏）
「奉作子孫繁昌」

及川家寄託資料

- 信仰…養蚕神　畜産神
- 材質…木
- 祭日…1月16日
- 伝承など

1月16日には小豆粥をお供えし、着物を1枚着せる。遠野最古の紀年銘「文禄三年（1594）三月十六日」のあるオシラサマ。

中山家のオシラ遊ばせ

オシラサマを祀ることを「オシラ遊び」「オシラサマを遊ばせる」「オシラサマを拝む」などと言う。祭日は小正月1月16日が多い。祭日には「キモノ」や「オセンダク」と呼ばれる新しい布1枚をご神体に着せる。米の粉を水で溶いたものや白粉で化粧する家もある。子どものいる家では子どもに背負わせたり抱かせたりする。

普段のオシラサマ

オシラサマは普段は箱の中に納められて、神棚や仏壇の引き出しなど、人目に触れない所に置かれている場合が多い。祭日の朝に箱から出して、神棚や仏壇の前方や脇に別に祭壇を設けて祀る。祭壇の前には供物を供える。

オシラサマ

岩手県遠野市上郷町

- 信仰…家の神
- 材質…桑
- 祭日…1月16日
- 伝承など

祭日には米・酒などを供えて、着物を1枚着せ家族で拝む。子ども好きの神様と言われ、子どもたちに持たせたりして遊ばせた。肉食は禁じている。
紀年銘「慶安弐年（1649）□霜月一日
　南部大学院　十六善神」

中山家寄託資料

オシラサマ　岩手県遠野市青笹町

- 信仰…不明
- 材質…木
- 祭日…1月16日、8月16日
- 伝承など

ある時、家族に病気の者が出たので、拝んでもらったところ、オシラサマを川に流せばよいと言われたので、川に流した。その後、また家族の具合が悪くなった時、拝んでもらったところ、オシラサマを流したせいだと言われたので昭和15年（1940）頃に作り直したという。

遠野市立博物館蔵

オコナイサマ　岩手県遠野市綾織町

菊池家寄託資料

- 信仰…養蚕神
- 材質…木
- 祭日…1月16日
- 伝承など

四足二足（しそくにそく）の肉食を禁じていた。父が肉を食べたら口が曲がったので、着物を着せて謝ったという。別家の者がオシラサマに祟られて体を悪くしたと言って赤い布を着せたことがある。

祭日は膳に、握り飯16個・菓子・果物などを供える。子ども好きの神様と言われ、子どもに背負わせたりした。昔は近所の人たちも拝みに来たが、今は家族だけで拝んでいる。着物は祭日にその家の主婦が着せる。

紀年銘「時寛文十一年（1671）亥二月十六日」

菊池家の祭日

1月16日、仏壇の脇に握り飯16個、菓子、果物を膳に載せて供える。

オコネサマ

岩手県遠野市上郷町

- 信仰…目の神
- 材質…桑
- 祭日…旧1月15日
- 伝承など

祭日には煮しめや餅などを供え、新しい着物を着せた。四足二足の肉食は禁じていた。以前によその家で祀ったことがあったが、帰りたいというので連れて帰った。昭和元年（1926）に火災に遭い焼失。現在のオコネサマはその後に作ったもの。昭和30年頃、住田町世田米からオガミヤを呼んだことがあった。オガミヤは唱え事をしてオコネサマを手に持ち遊ばせた。

遠野市立博物館蔵

オシラサマと託宣

現在、遠野市内では、オシラサマの祭祀を行う巫女（みこ）はいないが、かつてはオシラサマによる託宣（神などの意向を伺うこと）が行われていた。また、巫女が間接的にオシラサマに関わる例があった。家族に災いが起こった時、イタコに相談することがあり、その原因はオシラサマの祭祀と関連付けて説明されることが多かった。

遠野のオシラサマに関する最古の記述

『遠野旧事記』
宇夫方広隆（うぶかたひろたか）著
宝暦12年（1762）刊

八戸から来た「てんや与平」は猿回しや祈祷のお札を配ることを生業としている。その妻が「守子」と称し、小箱を背負って家々を廻り、箱から「しらあ」という物を取り出し、手に持って何やら唱えて祈祷をし、細い三角形の小札を授けて初穂（米、金銭など）を貰って歩いた。「しらあ」という物は、軍用の采配のようなもので、木串に細く裂いた布を多く結び付けたもので、木串の頭にご神体があったが、布が多すぎて見えなかったという。

（要旨）――寛永4年（1627）頃の記事

大正時代頃のオシラ遊ばせ

佐々木喜善の所蔵写真。オシラ神研究の資料として所蔵していたものと考えられる。

佐々木家寄託資料

様々な守り神

曲り家に祀られたカマガミ。遠野ふるさと村「大工どん」の家。

カマガミ

火を取り扱う神聖な場所として、炉や竈を祀る習俗は全国的に見られる。宮城県から岩手県南部にまたがる旧仙台藩地域では、土間のかまどの上やかまど近くの柱や壁に土製や木製の面を祀る風習がある。これらの面は一般にカマガミサマと呼ばれる。地域によってはカマオトコ、カマズンツァン、カマノカミサマ、カマダイコク、カマベットウなどとも称される。

大工《だいく》人形

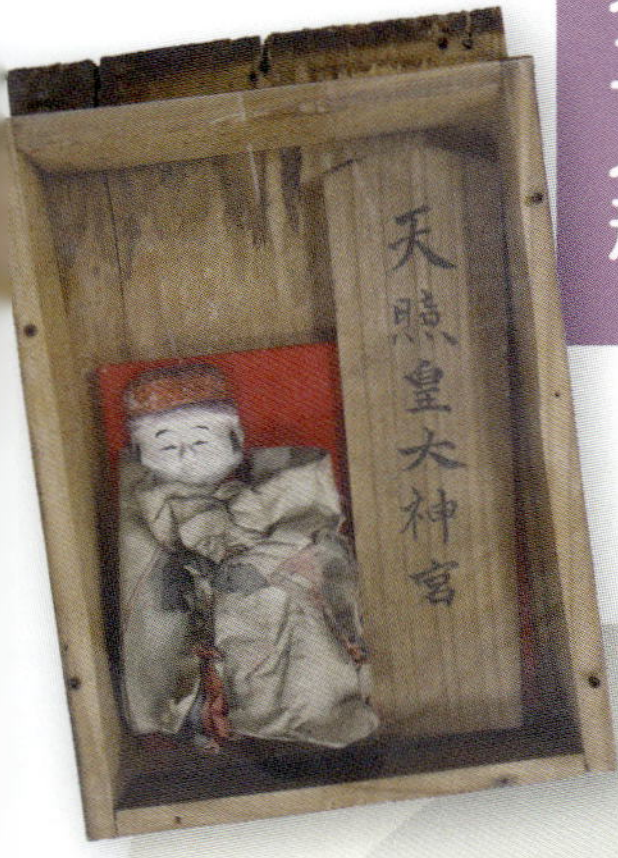

遠野では家を新築する際に、家の守り神として、人形などを納める風習があった。大工の棟梁が小さな御堂を作り、男女の人形を鏡やクシ、髪の毛などとともに入れ、封をして棟木に打ちつける。佐々木喜善は、このようなモノの霊が座敷に現れるのではないかと推測した。

遠野市立博物館蔵

遠野市立博物館蔵

厠神《かわやがみ》

便所の神のことで、便所神、雪隠神などとも呼ばれている。便所に神を祀る習俗は各地に見られ、出産に関わる神だとするところが多い。写真は、宮城県仙台市の堤町で作られる堤人形（つつみにんぎょう）の芥子雛（けしびな）。便所神としても祀られ、また、子授けや安産祈願の人形として信仰されている。

石塔それぞれに
祈りが
込められて
いるんだ

賽《さい》の神

賽の神は集落の境にあって、他から侵入するものを防ぐ神。悪霊などを防ぐとりでの役割を果たすところからこの名が付いたとされる。境の神の一つで、道祖神、道陸神（どうろくじん）、岐神（くなどのかみ）などとも言う。集落を中心に考えた時、村境は異界との通路であり、遠くから来臨する神や霊もここを通り、また外敵や流行病もそこから入ってくる。それらを祀り、また防ぐために設けられた神である。写真は遠野市の賽の神の石塔。庚申塔（こうしんとう）、百万遍供養塔、馬頭観音、念仏供養塔など様々な石塔が建立されている。

遠野の山の神

山の神像

浅漁には山オコゼ、山猟には海オコゼを祭るを効験多しと言ふ。祭るに非《あら》ず責むるなり、其《その》方法はオコゼを一枚の白紙に包み告げて曰《いわ》く、オコゼ殿オコゼ殿近々我に一頭の猪を獲させたまへ　さすれば紙を開きて世の明りを見せ参らせんと

「山の神オコゼ魚に就《つ》いて」
佐々木喜善著より

オコゼ

猟師がお守りとして携行したもの。

遠野市立博物館蔵（この見開きすべて）

北上高地の山々に囲まれた遠野では、多くの人びとが木挽《こび》き・炭焼き・鉄砲打ち・金山《かなやま》稼ぎなどの山仕事に深い関わりを持ってきた。山は暮らしを支える場である一方で、山の神や山人、獣の棲《す》む異郷であると考えられてきた。山仕事に携わる人びとは、山の神を畏《おそ》れ敬い、言い伝えられてきた縁起をかたく守ることによって無事に仕事ができると信じてきた。

また、山の神は出産を助ける神とされ、お産の神としても信仰されており、集落の女性たちで山の神講※1を組織している地域も多い。山の神の姿は多様で、斧やのこぎりを持つ男神像、男女一対の像、女神像など様々なものが存在する。山の神は、春になると山から下りてきて田の神になり、収穫が終わると山に帰るとされる。

12月12日は山の神の年取りといっ

遠野の町に山々の事に明るき人あり。もとは南部男爵家の鷹匠《たかじょう》なり。町の人綽名《あだな》して鳥御前《とりごぜん》と云ふ。早池《はやち》峰《ね》、六角《ろっこ》牛《うし》の木や石や、すべて其《その》形状と在所《ありどころ》とを知れり。年取りて後茸《きのこ》採りにとて一人の連《つれ》と共に出でたり。この連の男と云ふは水練の名人にて、藁《わら》と槌《つち》とを持ちて水の中に入り、草鞋《わらじ》を作りて出て来ると云ふ評判の人なり。さて遠野の町と猿ヶ《さるが》石《いし》川を隔つる向山《むけえやま》と云ふ山より、綾織村《あやおりむら》の続石《つづきいし》とて珍しき岩のある所の少し上の山に入り、両人別れ別れになり、鳥御前一人は又少し山を登りしに、恰《あたか》も秋の空の日影、西の山の端より四五間ばかりなる時刻なり。ふと大なる岩の陰に赭《あか》き顔の男と女とが立ちて何か話をして居るに出逢ひたり。彼等は鳥御前の近づくを見て、手を拡げて押戻すやうなる手つきを為し制止したれども、それにも構はず行きたるに女は男の胸に縋《すが》るやうにしたり。事のさまより真の人間にてはあるまじと思ひながら、鳥御前はひやうきんな人なれば戯《たわむ》れて遣《や》らんとて腰なる切刃《きりは》を抜き、打ちかかるやうにしたれば、その色赭き男は足を挙げて蹴《け》たるかと思ひしが、忽《たちま》ちに前後を知らず。連なる男は之を探しまはりて谷底に気絶してあるを見付け、介抱して家に帰りたれば、鳥御前は今日の一部始終を話し、かかる事は今までに更になきことなり。おのれは此為《このため》に死ぬかも知れず、外《ほか》の者には誰にも言ふなと語り、三日程の間病みて身まかりたり。家の者あまりに其死にやうの不思議なればとて、山臥《やまぶし》のケンコウ院というに相談せしに、其答には、山の神たちの遊べる所を邪魔したる故、その祟《たたり》をうけて死したるなりと言へり。此人は伊能先生なども知合なりき。今より十余年前の事なり。

『遠野物語』九一話より

続石（遠野市綾織町）。

て、山の神が自分の領分の木を数えるので、山に入ってはならないとされ、集まって山の神を拝んで飲食する山の神講をするところもある。

山の神像

お産の神様として女性を中心に信仰されてきた山の神像。右手に斧を持ち、山の神への奉納物である小枕が結び付けられている。山の神像を納めた厨子背面には「明治二十年山神当村安全　十二月十二日」と記され、山の神講中の女性8名の名前が墨書されている。

狩猟のお守り

熊猟のお守りとして携行したもの。

用語解説

講

※1 >>> P102

団体、集まりのこと。宗教の場合は信者の団体を指す。構成員を講中、講員などと称する。

狩りの秘伝書と山の信仰

深《しん》山《ざん》幽《ゆう》谷《こく》懸《かけ》廻《めぐる》猟《りょう》師《し》幷《ならびに》縁《えん》起《ぎ》引《いん》導《どう》回《え》向《こう》鳴《みょう》

天明８年（1788）

遠野の猟師に伝えられてきた狩りの秘伝書。猟師が弘法大師の高野山開山に協力して、動物を殺生してもその報いを受けない呪文を授けられたことが記されている。

遠野市立博物館蔵

諸々之命留タル時ノ秘文傳

安政２年（1855）

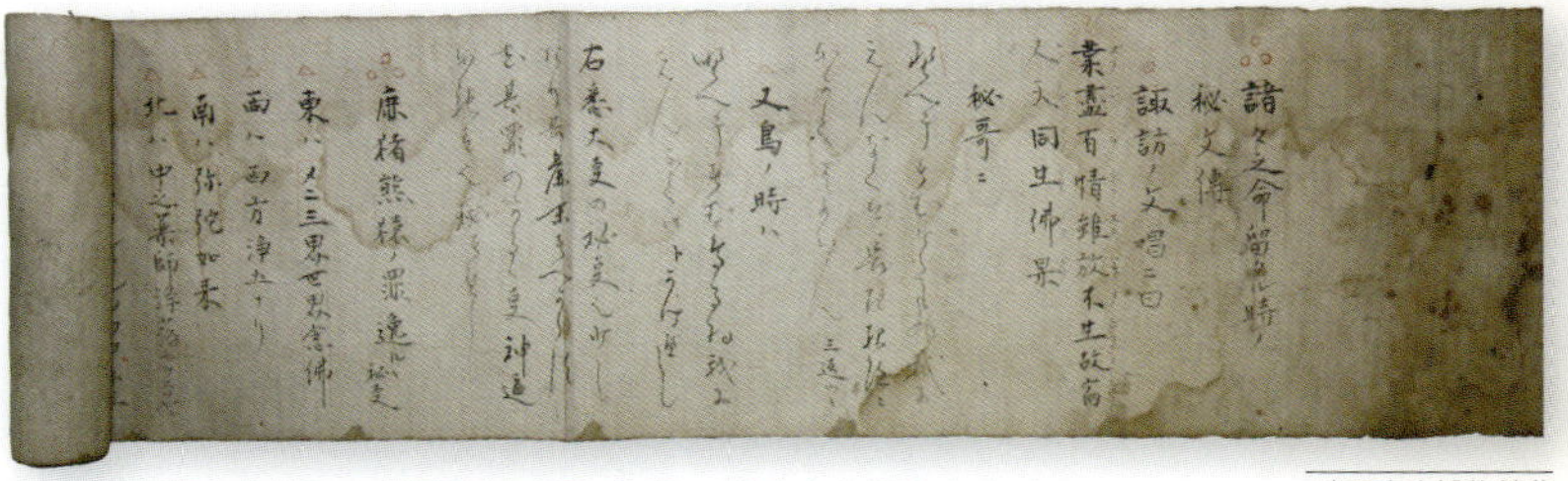

遠野市土淵町の猟師が大槌町金沢の親戚より譲られたもの。

遠野市立博物館蔵

遠野市内では、狩りの呪法や引導の法を中心とした秘伝書が、いくつか確認されている。「諸々之《もろもろの》命留《いのちとどめ》タル時《とき》ノ秘《ひ》文傳《ぶんでん》」は、遠野市土淵町《つちぶちちょう》の猟師が大槌町《おおつちちょう》金沢の親戚より譲られたものという。巻物の巻末には、安政《あんせい》二年（一八五五）の年号がある。諏訪《すわ》ノ文、秘歌、鹿猪熊猿ノ罪逸ル秘事、山立ノ法切疵血留ノ大事、狐附オトス大事、殺生ニ出時唱ル大事、玉数持候事の唱え言からなる。「鳥畜殺生《ちょうちくせっしょう》 秘法《ひほう》」は、明治二年（一八六九）に記されたもので畜類執行法則、猪鹿打候節、熊留ノ法、熊引導之法、念誦、普回向、塔婆之文皮ハギノ時、小鳥ノ法からなる。「秘方《ひほう》」は玉除けの法、山に登る時の唱文、けだもの足留大事からなる。

これらの文書の唱え言は、和歌風の唱え言、真言《しんごん》、念仏、法華《ほっけ》題目、諏訪の勘文《かんもん》など色々な経典から引用

秘方

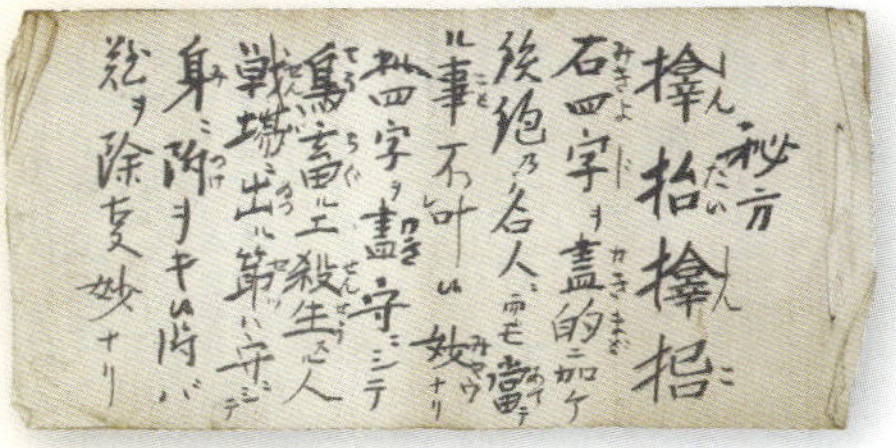

狩りの呪法や引導の法を記した秘伝書。玉除けの法、山に登る時の唱文、けだもの足留大事からなる。

遠野市立博物館蔵

鳥畜殺生秘法

明治2年（1869）

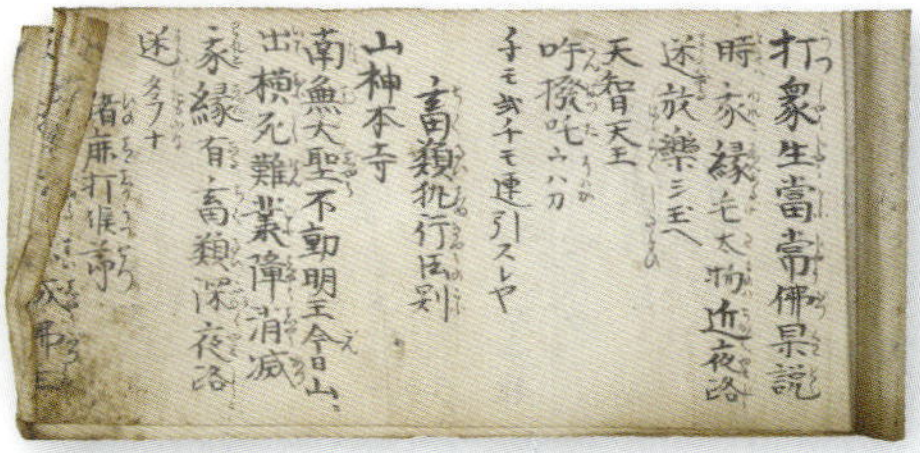

鹿や猪、熊など、それぞれの獣や鳥に対する秘法が記されている。

遠野市立博物館蔵

狩猟装束。遠野市立博物館常設展示より。

佐々木喜善の山の信仰調査カード

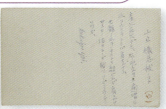

佐々木家寄託資料

山言葉や魔除けの三途縄、まじないなどについて調査したもの。猟師は、山では山言葉を使う。里言葉はケガレが多いから神聖な山では使わないものだとも、山の獣たちにわからないように隠語で語るのだともいう。巻物の唱文する者をケサキという。また、カモシカをアオシシ、アナグマをマミ、猿をエビス、犬をセタ、心臓をサベ、コメをクサノミなどと呼ぶという。

した文言を組み合わせて作られており、同じ目的の法でも、秘伝書によって違った言い方をしている場合がある。共通してよく用いられているのは、諏訪の勘文と「アビラウンケンソワカ」という大日如来《だいにちにょらい》真言である。諏訪の勘文とは諏訪明神が与えた四句の偈《げ》（詩句の形式で仏教をたたえたもの。左図参照）で、諏訪社の神体が竜蛇で、蛇が生餌を必要とするところから、このような信仰が作られ狩猟を合理化したとされる。この諏訪の勘文は、全国にわたって伝承されている。

諏訪の勘文

業尽有情《ごうじんのうじょう》
雖放不生《はなつといえども いきず》
故宿人身《ゆえにじんしんにやどりて》
同証仏果《おなじくぶっかをしょうせよ》

訳文

宿業の尽きた生き物は
放しても、長くは生きられない
ゆえに人の腹の中に入って
その功徳で成仏するがよい

遠野の厄払いと年中行事

撮影　浦田穂一

春風祭り

2月7日から9日頃、各家でワラ人形を作り、門口や辻に立てて1年間の無病息災を祈る。旗には「春風まつり　万病送り」「春疫病祭　悪魔退散」などと書く。この日は家で団子を作り、家族がそれで身体を拭ってワラ人形にくくりつける。こうすることで、身体の悪いものが人形に取り込まれ、人形自体も魔除けの力を持つと考えられた。

遠野市立博物館蔵

春風祭り人形

春風祭りで作られる人形。
刀を腰に差し、背中に旗を差す。

虫祭り

撮影　浦田穂一

虫送りとも言う。稲に病害虫がつかないように虫追いの旗やワラ人形を持ち、太鼓や鉦（かね）などを叩きながら田のあぜ道などを練り歩く。「なに虫祭るよ、ドロンコ虫祭るよ」などと唱えながら、ワラ人形を集落の境まで持っていく。虫送りの太鼓の音が聞こえたら、虫の害を避けることができると信じられていた。

こんな呪術スポットも

狼供養碑

猿の経立《ふったち》、御犬《おいぬ》の経立は恐ろしきものなり。御犬とは狼のことなり。山口の村に近き二《ふた》ッ石山《いしやま》は岩山なり。ある雨の日、小学校より帰る子どもこの山を見るに、処々の岩の上に御犬うづくまりてあり。やがて首を下より押上ぐるようにしてかはるがはる吠えたり。正面より見れば生れ立ての馬の子ほどに見ゆ。後から見れば存外小さしと云へり。御犬のうなる声ほど物凄く恐ろしきものは無し。

『遠野物語』三六話より

遠野市綾織町に建立されている。「天明六年（1786）七月吉日　汝是畜生帰依三□□發菩提」の銘文がある（□□の部分は判読不明）。

狼供養碑遠景。

撮影　浦田穂一

太鼓や鉦を鳴らして村の中を歩き回りながら、村境へ向かう。　撮影　浦田穂一

二百十日雨風まつり

立春から数えて210日の9月1日頃に行われる行事。ちょうど中稲の開花期で、台風襲来の時期でもあるため、風の被害を避けることを祈って行われた。「二百十日雨風まつり」「祈五穀豊穣」と墨書した旗やワラで作った男女の人形を持ち、太鼓や鉦を鳴らしながら、村の中を歩き回り、村境に旗や人形を立てて、村の入口から中へ雨風が入ってこないことを祈った。

盆の頃には雨風祭とて藁《わら》にて人よりも大なる人形を作り、道の岐《ちまた》が送り行きて立つ。紙にて顔を描き瓜《うり》にて陰陽の形を作り添へなどす。虫祭の藁人形にはかゝることは無く其《その》形も小さし。雨風祭の折は一部落の中にて頭屋《とうや》を択《えら》び定め、里人集りて酒を飲みて後、一同笛太鼓にて之を道の辻まで送り行くなり。笛の中には桐の木にて作りたるホラなどあり。之を高く吹く。さて其折の歌は『二百十日の雨風まつるよ、どちの方さ祭る、北の方さ祭る』と云ふ。

『遠野物語』一〇九話より

こんな呪術スポットも

卯《う》子《ね》酉様《とりさま》と結びの呪術

「結ぶ」という行為には古くから呪術的意味があると考えられてきた。遠野物語拾遺35話に「遠野の町の愛宕山の下に、卯子酉様の祠がある。その傍の小池には片葉の蘆（あし）を生ずる。昔はここが大きな淵であって、その淵の主に願を掛けると、不思議に男女の縁が結ばれた」との記述がある。卯子酉様には、赤い布を片手で木の枝に結ぶことができれば男女の縁が結ばれるとの信仰があり、現在でも多くの布が境内に奉納されている。

岩手の俗信とまじない

- 地震の時、「マンザイラク」と言えば止む。
- 雷の時、「クワバラ、クワバラ」と言えば止む。
- 雷が鳴った時、家の入口に桑の葉をつるしておくと雷は落ちない。
- 碗に水を入れて箸2本を十文字に並べ、四隅から水を飲めばしゃっくりが止まる。
- 蛇がいる所を通る時は「蛇々、わらびの恩を忘れたか」と言って通れば咬まれない。
- 乳歯が抜けたら上の歯は床下へ、下の歯は天井へ「ねずみの歯と取っかえろ」と言って投げる。
- 漆にかぶれた時、闇で石を三つ重ねて後ろを見ないで走ってくると治る。
- 小正月の夜、蓑を着て岡あるいは木に登り、我が家の方を見ると、年中に起こることが見える。

遠野の夏景色。

小正月の予《よ》祝《しゅく》と祝い

遠野の小正月の「お作立て」

撮影　浦田穂一

ミズキの枝に色とりどりの団子を飾り、秋の実りを祈るもの。あらかじめ豊作を模倣することによって、それを実際に引き起こそうとする呪術的な行為と言える。

「お田植え」

撮影　浦田穂一

お田植えは東北地方で広く行われている行事で、遠野でも小正月に行う。雪の降り積もった庭を「田んぼ」に見立てて、松葉や稲ワラを植えることで秋の豊作を祈願する。

イギリスの人類学者ジェームズ・フレイザー（一八五四〜一九四一）は、柳田國男にも影響を与えたとされる著書『金枝篇《きんしへん》』（一八九〇年刊）の中で、呪術を類感《るいかん》呪術と感染呪術の二種類に分類して説明している。

類感呪術というのはある現象を模《も》倣《ほう》することによりそれを引き起こそうとするもので、例えば雨乞いで火を焚《た》いて黒煙を出し、太鼓を叩き、水を撒くことにより、雨雲や雷、降雨を表すことなどが代表的な例である。

一方の感染呪術は、一度接触したものあるいは一つのものであったもの同士は、遠隔地においても相互に作用するという考えによるもので、狩りの獲物の足跡に槍を突き刺すと、その影響が獲物に及んで逃げ足が鈍るとするような行為や誰かを呪う時その人の爪や髪の毛を使うなどの例がある。

『遠野物語』に書かれた小正月の行事

遠野の小正月※1に行われる「お作立《さくだて》」「お田植え」などの予祝行事※2も作物の実りを模倣し、豊作を祈願する類感呪術と言える。

年占

小正月の晩には行事甚《はなは》だ多し。月見といふは六つの胡桃《くるみ》の実を十二に割り一時に炉の火にくべて一時にこれを引き上げ、一列にして右より正月二月と数ふるに、満月の夜晴なるべき月にはいつまでも赤く、曇るべき月には直《すぐ》に黒くなり、風ある月にはフーフーと音をたてて火が振《ふる》ふなり。何遍繰り返しても同じことなり。村中何《いず》れの家にても同じ結果を得るは妙なり。翌日はこの事を語り合ひ、例へば八月の十五夜風とあらば、その歳の稲の苅入を急ぐなり。

『遠野物語』一〇四話より

世中見《よなかみ》

また世中見といふは、同じく小正月の晩に、色々の米にて餅をこしらへて鏡となし、同種の米を膳の上に平らに敷き、鏡餅をその上に伏せ、鍋を被せ置きて翌朝これを見るなり。餅につきたる米粒の多きものその年は豊作なりとして、早中晩の種類を択《えら》び定むるなり。

『遠野物語』一〇五話より

窓塞《まどふさ》ぎ

この日にはヤッカカシ（窓塞ぎ）といって、栗の若木の枝を五寸ばかりの長さに切った物に餅、魚、昆布などの小さな切れを挿《はさ》み、家の入口や窓などにさして、悪魔除けにする。

「遠野物語拾遺」二八二話より

もぐら除けの呪法

またナマゴヒキといって、

ナマゴ殿のお通り、もぐら殿のお国替え。

という文句を怒鳴りながら、馬の沓《くつ》に縄をつけたのを引摺って、家の周囲や屋敷の中をまわりあるく。これはもぐら除けのまじないだといわれている。

「遠野物語拾遺」二八三話より

果樹責

果樹責の行事もこの日である。この地方ではこれをモチキリといっている。一人が屋敷の中の樹の幹を斧でとんとんと叩いて、

よい実がならなからば伐るぞ。

と言うと、他の一人が、

よい実をならせるから許してたもれ。

と唱える。

「遠野物語拾遺」二八四話より

夕顔立

また夕顔立といって、栗の木の枝に、胡桃の若枝の削ったのを挿《さ》し、馬の沓などをそれに結んで吊し、その年の夕顔や南瓜《かぼちゃ》が豊作であるように祝うことも、小正月の行事の一つとして行われている。

「遠野物語拾遺」二八五話より

冬の遠野。

用語解説

小正月
※1 >>> P111
1月15日を中心とする正月のこと。1日を中心とした大正月に比してはるかに行事内容は豊富である。

予祝行事
※2 >>> P111
その年の豊作などを祈り、1年の農作業や秋の豊作の様子を模擬的に行う呪術行事。あらかじめよい結果を演じることで、実際にその通りになることを期待するもの。

トピックス

『遠野物語』の考古学的記述を読み解く

ダンノハナは昔館《たて》の有りし時代に囚人を斬りし場所なるべしと云ふ。（略）蓮台野は之《これ》と山口の民居を隔てて相対す。蓮台野の四方はすべて沢なり。東は即ちダンノハナとの間の低地、南の方を星谷と云ふ。此所には蝦夷屋敷と云ふ四角に凹《へこ》みたる所多く有り。其《その》跡極めて明白なり。あまた石器を出す。石器土器の出る処山口に二ケ所あり。他の一は小字をホウリヤウと云ふ。ここの土器と蓮台野の土器とは様式全然殊なり。後者のは技巧聊《いささ》かも無く、ホウリヤウのは模様なども巧なり。埴輪もここより出づ。又石斧石刀の類も出づ。蓮台野には蝦夷銭とて土にて銭の形をしたる径二寸ほどの物多く出づ。是には単純なる渦紋《うずもん》などの模様あり。字ホウリヤウには丸玉管玉も出づ。ここの石器は精巧にて石の質も一致したるに、蓮台野のは原料色々なり。

『遠野物語』一一二話より

『遠野《とおの》物語《ものがたり》』一一二話には、「ダンノハナ」「蓮台野《れんだいの》」（デンデラノ）のことともに考古学的な記述がある。要約すると以下のようである。

「蓮台野」の南の方「星谷」と呼ばれる場所には、蝦夷屋敷《えぞやしき》という四角くくぼんでいる場所（竪穴住居跡であろう）がたくさんあるといい、そしてそこからは、素朴な土器、原料が色々な石器、土製で銭のような形をした蝦夷銭《えぞせん》（円盤状土製品であろう）が出るという。こうした遺物が出る場所はこの山口（現在の岩手県遠野市土淵町《つちぶちちょう》山口）に二カ所あって、もう一方を「ホウリヤウ」と呼ぶという。「ホウリヤウ」には何の跡もないが、精巧な文様の土器、石の質が一致する精巧な石器、埴輪《はにわ》（土偶のことだろう）、石斧《せきふ》、石刀、丸玉、管玉《くだたま》などの遺物が出るという。なお「ダンノハナ」は館跡の続きにあって処刑場だった。

「蓮台野」にあたる場所は、山口Ⅰ遺跡という縄文時代の遺跡として登録されており、縄文時代前期後葉から中期前葉の土器が採集できる。この丘陵の一段下にも狭い平地があり、ここからは土器片及び磨製石斧が採集できる。地元の人の話ではここにストーンサークル（縄文時代後期に盛行する配石遺構の一種）があったといい、ここが「星谷」に相当すると考えられる。平成二十四年（二〇一二）にこの下流1キロにある栃内野《とちないの》崎《さき》遺跡を発掘調査したところ、縄文時代後期前葉の多量の土器と、円盤状土製品、多様な石材を用いた石器類、磨製石斧が、配石遺構に伴って出土した。「星谷」はこれに類似する遺跡であったのではないだろうか。「ホウリヤウ」は山口の東端にあたる川岸の「石仏（いしっぽとけ）」と呼ばれる場所と推定される。大正十二年（一九二三）に伊《い》能嘉《のうか》矩《のり》・鈴木重男に

デンデラノは縄文時代の遺跡でもあり、山口Ⅰ遺跡と呼ばれる。

デンデラノで採集された土器。

蝦夷屋敷。『遠野物語』の言う「星谷」と見られる。

ホウリョウ（石仏）。石仏からの出土遺物が、『遠野物語』のホウリョウの出土遺物の記述と類似する。

よってまとめられた『岩手縣上閉伊郡《けんかみへい》石器時代遺物發見《はっけん》地名表』には「石佛」の出土遺物が記載されており「ホウリヤウ」の遺物と種類が一致する。さらに地元住民によると「山口川沿いの旧道脇にある石碑群の周辺が以前は畑で、そこから赤い色の薄い土器を拾ったことがある」という。赤い色の薄い土器が拾えるということから、こちらは縄文時代晩期の遺跡であろう。

柳田國男《やなぎたくにお》によって書かれた明治四十二年（一九〇九）三月発行『珍世界』掲載の「天狗《てんぐ》の話」を読むと、柳田は先住民を「アイヌ」＝「蝦夷」とし、「奥羽六縣は少なくとも頼朝の時代までは立派な生息地」であったと考えていたことがわかる。『遠野物語』一一二話の時代を示す言葉が「館の有りし時代」しかないことから「ダンノハナ」「蓮台野」「ホウリヤウ」を営んだ先住民と館を築いた人びとは、中世まで隣り合わせで暮らしていたと考えた柳田の主張が表れている。『遠野物語』の考古学的遺跡と遺物の記述は、『遠野物語』の話者である佐々木喜善《ささきぜん》（現在の岩手県遠野市土淵町山口出身）

が「ダンノハナ」と「蓮台野」の棄老伝説とその由来を柳田に説明するために語られた、少年時代の遺物採集の経験談がもとになっていると考えられる。現在の考古学の調査成果からは、これらの遺物はいずれも縄文時代のもので、「館の有りし時代」つまり中世のものではないことが明らかとなっている。しかし、当時の柳田はこれらを中世に生きた先住民のものと捉えて、自身の先住民観を表現したのだろう。

たそがれ土偶

夫婦石袖高野（めおといしそでこや）遺跡（遠野町）から出土した、縄文時代後期（約4000年前）の土偶。そのポーズから「たそがれ土偶」の愛称がある。

遠野にいた古代人たち

遠野市内には約500カ所の遺跡があり、そのうち約300カ所が縄文時代のものである。旧石器時代のキャンプの跡なども見つかっており、大昔から人びとが行き来していたことがわかる。

遠野市教育委員会蔵（この囲みすべて）

旧石器時代の石斧

日本最古級の遺跡である金取（かねどり）遺跡（宮守町）から出土。前期旧石器時代（3・5〜6・8万年前）。

ヒスイ大珠《たいしゅ》

縄文時代中期の張山（はりやま）遺跡（附馬牛町）の2基の墳墓から出土。特別な人物が埋葬されていたのだろう。

遠野市立博物館や
遠野まちなか
ドキ・土器館で
出土品を
展示してるよ

第五章

なぜ、遠野は怪異が多いのか？

『遠野物語』が生まれた土地・遠野とは？

経済の中心地だった遠野

明治の終わり頃の盆市（旧7月11日の盆前に開かれる市）の様子を再現したジオラマ。遠野市立博物館常設展示より。

写真　遠野市立博物館常設展示

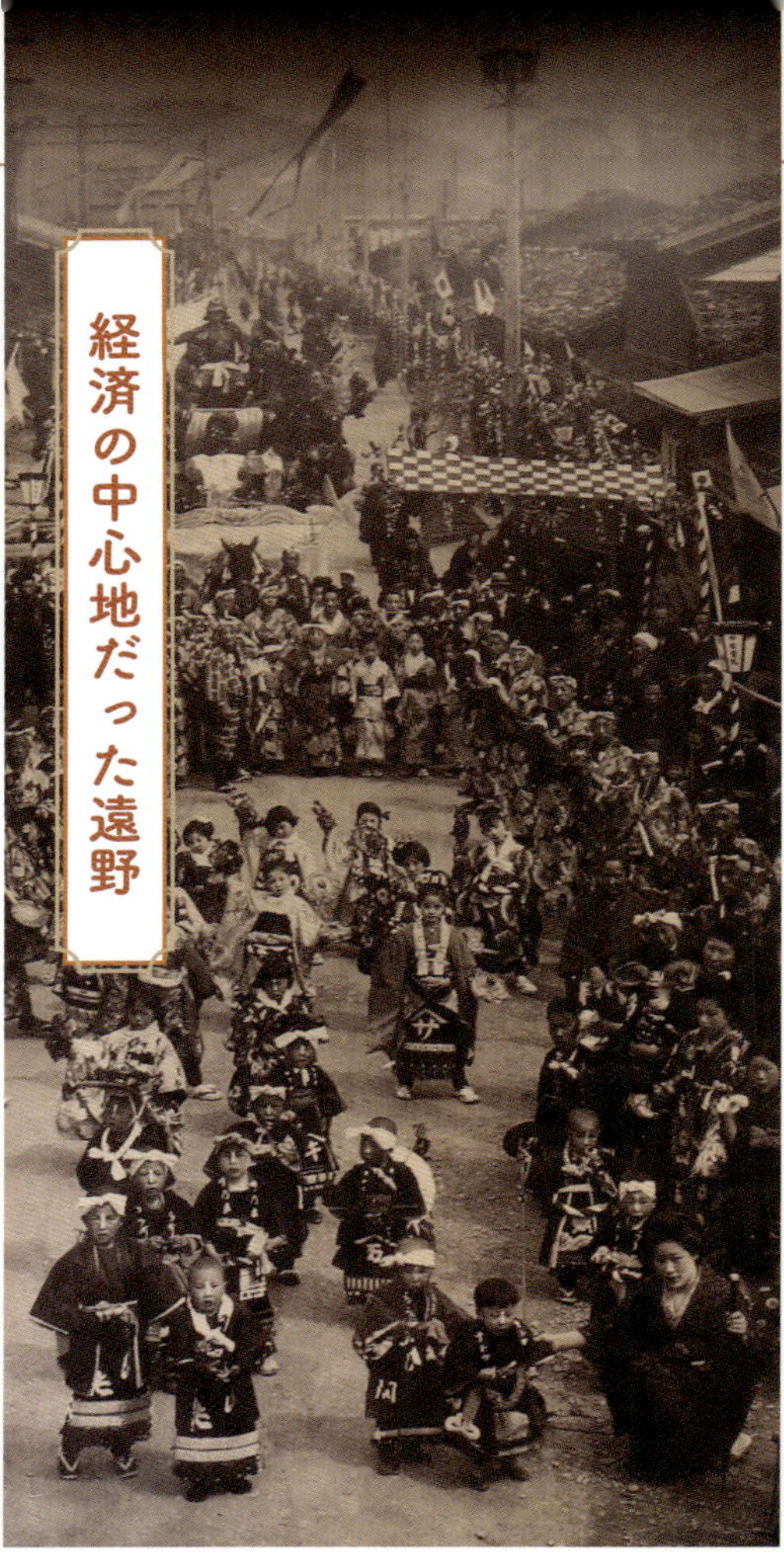

江戸時代、遠野の町には「六度市」（ろくどいち）と呼ばれる市が立った。この市は1カ月に6度、1と6のつく日に開かれ、数多くの商人が集まるものだった。岩手県では明治12年（1879）に県内の市街地とその宿駅に一等から六等の等級を付けた。一等級は盛岡市、遠野は二等級に指定され、当時盛岡に次ぐ賑わいを見せていた。写真は遠野の祭り「南部ばやし」の大正時代の頃の様子。

写真　遠野市立博物館常設展示

第一章で紹介したように、『遠野《とおの》物語《ものがたり》』のきっかけは、遠野出身の早稲田大学生・佐々木喜善《ささききぜん》が柳田國男《やなぎたくにお》に郷里の怪異譚《かいいたん》を語ったことだった。第二章では『遠野物語』に記された怪異をその現場と言われる場所の写真とともに取り上げた。第三章では遠野に伝わる妖怪を、第四章では遠野で行われていた呪術や呪術的行為を中心に見てきた。

果たして、遠野は怪異スポットなのだろうか？　なぜ、遠野にこれほどまでの怪異譚が生じているのだろうか？

それを解き明かすためには、『遠野物語』が書かれた頃の遠野について、知る必要がある。

『遠野物語』は明治四十三年（一九一〇）六月十四日に柳田國男によっ

城下町・遠野の歩み

遠野は江戸時代、鍋倉城《なべくらじょう》を中心に遠野南部氏1万2500石の城下町として発展した。遠野南部氏は甲斐国《かいのくに》（現・山梨県）にいた武将・南部光行《なんぶみつゆき》を先祖とし、この光行の子・実長《さねなが》を初代としている。

元弘《げんこう》3年（1333）4代南部師行《もろゆき》は、陸奥国《むつのこく》司《し》となった南朝方の武将・北畠顕家《きたばたけあきいえ》に従って奥州に下り、建武《けんむ》元年（1334）に現在の青森県八戸市に根城《ねじょう》を築いた。17世紀前半まで下北半島などを領有し、南部氏一族の中でも大きな勢力を有し、根城南部氏と呼ばれていた。

鍋倉城跡（国指定史跡）

標高344mの鍋倉山に展開する大規模な山城。天正年間（1573～1592）に阿曽沼氏により築城されたと伝わる。江戸時代になり、南部氏が入った。中世山城の遺構が良好に残されているため、令和5年（2023）国史跡に指定された。

元和《げんな》3年（1617）、その所領のうち下北半島が、次第に勢力を強めていた三戸《さんのへ》南部氏（後の盛岡南部氏）に接収され、寛永《かんえい》4年（1627）22代直義《なおよし》の時、盛岡藩初代藩主・南部利直《としなお》の命により、八戸から遠野に所《ところ》替《が》えになった。これ以後の根城南部氏は「遠野南部氏」と呼ばれる。

遠野は仙台藩との藩境を守る戦略的拠点でもあったため、遠野南部氏は領内裁判権や独自の行政組織を持ち、盛岡に次ぐ規模の城下町を形成していく。

明治時代以降も遠野の町場には、明治期に一時設置された江刺《えさし》県の県庁やその後の郡役所などが置かれ、この地域の政治の中心地として発展していった。

中世山城の遺構がここまで残っているのは珍しいんだよ
南部氏がお城を新築せずに、リフォームして使っていたからなんだね

て発刊された。その多くは江戸時代から明治時代にかけて、遠野で起きた出来事や言い伝えをまとめたものだ。

『遠野物語』が書かれた明治時代の遠野は、内陸と沿岸部を結ぶ交通の要衝だった。月に六度行われた市日は、沿岸や内陸から様々な物資を運ぶ人や馬で町は賑わい、「馬千匹、人千人の賑わしさ」「人馬群集すること蜂の巣を押す如《ごと》く」と形容されたほどだった。

暗闇の峠道を越す

沿岸からの荷物は海産物が多かった。そのため、日光に当てて荷を傷めないよう、夕方頃に沿岸を出発し、明け方までに遠野の市場に到着するように運ばれた。当時は馬に荷をつけて運ぶ駄《だ》賃付《ちんづ》けと呼ばれる人びとが活躍していたが、遠野に入るためには、必ず夜の峠を越えなければな

山に分け入る人びと

鉄砲打ち

遠野では、狩りをする人のことを鉄砲打ち、古くは山立《やまだち》と呼んでいた。鉄砲打ちは、冬に狩りを行い、普段は農業や他の山仕事をしていた。狩りは単独か少数で行い、熊が穴で冬眠をしているところを狙った。鉄砲打ちは、動物を単なる肉ではなく、人間と同じ霊魂のある存在と考えていた。動物を獲った時には「引導わたし」と呼ばれる儀式を行い、霊魂をなぐさめ、祟りを防ごうとした。鉄砲打ちに伝えられる狩りの秘伝書には、儀式の呪文や狩りの方法などが記されている。

「深山幽谷懸廻猟師丼縁起引導回向鳴」部分（→104ページ参照）。

遠野市立博物館蔵

修験者（山伏）

北上高地の最高峰、早池峰山は大同《だいどう》元年（806）に猟師の藤蔵《とうぞう》によって開山されたと伝えられている。平安時代初期には早池峰山妙泉寺《みょうせんじ》が創建され、山岳信仰の中心となり、修験道の道場として栄えた。遠野の人びとは早池峰山から流れ出る水のおかげで生産ができ、死ぬと魂はこの山に行くのだと信じていた。早池峰山は遠野の歴史や民俗のなりたちに大きな影響を与え、『遠野物語』を生む背景となった。

山伏の道具と山伏に伝えられていた山伏神楽の面。遠野市立博物館常設展示より。

遠野市立博物館蔵

らなかった。

遠野の町に初めて電気が通ったのは大正二年（一九一三）。その時のことが、『遠野市史』に次のように書かれている。

「明治天皇が亡くなられた翌年の秋のある晩、家族全員がランプの下で晩御飯を食べていたところ、突然、頭の上に下げていた電燈が、ぱっと音をたてんばかりについた。皆が思わず、あっと声を上げて総立ちになった。そして聞きしにまさるその明るさに驚いた」

『遠野物語』に書かれている世界は電気がない時代のことだったから、夜といえば今では想像できないくらい深い闇の世界だった。獣の鳴き声、風の音、木々のざわめき……その一つ一つが様々な怪異を生み出すきっかけになったのではないだろうか。そうした話は市に買い物に来た人びとに伝わり、町から周辺の村々に伝えられていった。駄賃付けは遠野の物資流通の主役であり、話の運搬者でもあったのだ。

山深く分け入る人びと

さらに、交通の要衝の城下町である遠野には、早池峰《はやちね》山を中心に活動していた修験者《しゅげんじゃ》や、北上山系に広がる金や鉄の鉱山などに関わる人びとが全国から集っていた。奥深い山に分け入る彼らの中には、そこで不思議な体験をした者もいただろう。このような人びとも、多くの話を遠野に伝えていった。これらの話の集まりが『遠野物語』を形作る素地となっていく。

現在の遠野は、田園風景や民話、日本のふるさとといったイメージが強く、駅前の様子を見てイメージと違うとがっかりする観光客もいるという。あるいは、人里離れた山奥の村というイメージを持つ人もいるか

山々の奥には山人住めり。栃内村和野《とちないむらわの》の佐々木嘉兵衛と云ふ人は今も七十余にて生存せり。此翁《このおきな》若かりし頃猟をして山奥に入りしに、遥かなる岩の上に美しき女一人ありて、長き黒髪を梳《くしけず》りて居たり。顔の色極めて白し。不敵の男なれば直《ただち》に銃《つつ》を差し向けて打ち放せしに弾《たま》に応じて倒れたり。其処《そこ》に馳け付けて見れば、身のたけ高き女にて、解きたる黒髪は又そのたけよりも長かりき。後の験《しるし》にせばやと思ひて其《その》髪をいささか切り取り、之を綰《わが》ねて懐に入れ、やがて家路に向ひしに、道の程にて耐《た》へ難く睡眠を催しければ、暫《しばら》く物蔭に立寄りてまどろみたり。其間夢《ゆめ》と現《うつつ》との境のやうなる時に、是も丈《たけ》の高き男一人近よりて懐中に手を差し入れ、かの綰ねたる黒髪を取り返し立去ると見れば忽《たちま》ち睡《ねむり》は覚めたり。山男なるべしと云へり。

『遠野物語』三話より

金山《かなやま》稼ぎ

遠野には数多くの金山があり、金山で働く人びとのことを金山稼ぎと言った。小友町《おともちょう》から宮守町《みやもりちょう》にかけての金山地帯は、平安時代末から採掘され、奥州藤原氏の平泉文化を支えたという伝説がある。また、小友町には、東北地方で唯一の水銀が出る蛭子舘《ひるこだて》鉱山（赤坂山）があり、寛永5年（1628）にはこの山をめぐって仙台藩と盛岡藩の境争いが起きた。上郷町《かみごうちょう》の佐比内《さひない》鉄鉱山には万延《まんえん》元年（1860）に高炉が造られ、約400人が働き、明治2年（1869）まで年間45万貫文の銭を生産していた。『遠野物語』の山人伝説の背景の一つには、金山で働く人びとの存在があるのではないかと考えられている。

鉱山に関わる人たちが使用した、鉱石を選別する道具。遠野市立博物館常設展示より。

遠野市立博物館蔵

早池峰山。

物資と情報の運び人「駄賃付け」

馬で荷を運ぶ（写真は駄賃付けの様子を再現したもの）。馬は、駄賃付けのほか、農耕や山仕事にも欠かせなかった。

撮影 浦田 穂一

里の仕事としての駄賃付け

駄賃付けとは、馬に荷物を背負わせて各地へ運ぶ仕事である。駄賃付けは、農民の貴重な現金収入源となっていた。普通は1人で4、5頭の馬を引いた。明治から大正時代にかけて、一般的な男の手間賃は平均して1日10銭前後だったが、駄賃付けの手間賃は、平均して2円という高収入だった。馬の飼料は、大麦、豆、フスマなどだが、体力を使うため普通の馬より2、3倍の栄養が必要とされた。人間も同様で、馬を扱う技術と体力が抜群でないと駄賃付けは務まらなかった。

だから、馬を大切にする信仰が生まれたんだね
馬も人も大変な仕事だったんだね

もしれない。

しかし、遠野は古代から北上高地の中心地として発展し、江戸時代には遠野南部家一万二五〇〇石の城下町として繁栄した。明治時代には、郡役所や裁判所など様々な官公所が造られた。

人びとで賑わう町であったからこそ、様々な話が伝わって語り継がれ、そこから『遠野物語』という日本民俗学の出発点とも言うべき作品が生まれていったのである。

菊池弥之助と云ふ老人は若き頃駄賃を業とせり。笛の名人にて夜通《よどお》しに馬を追ひて行く時などは、よく笛を吹きながら行きたり。ある薄月夜《うすづきよ》に、あまたの仲間の者と共に浜へ越ゆる境木峠を行くとて、又笛を取出して吹きすさみつつ、大谷地《おおやち》と云ふ所の上を過ぎたり。大谷地は深き谷にて白樺の林しげく、其《その》下は葦《あし》など生じ湿りたる沢なり。此《この》時谷の底より何者か高き声にて面白いぞーと呼《よ》ばはる者あり。一同悉《ことごと》く色を失ひ遁《に》げ走りたりと云へり。

『遠野物語』九話より

馬への祈り

遠野では、馬の繁殖と健やかな成長を願って奉納した絵馬が多く見られる。遠野市立博物館常設展示より。

遠野の馬は労働力になったばかりではなく、馬市での貴重な現金収入源としても人びとの暮らしを支えてきた。そのため、馬を大切にする思いが、駒形神社への絵馬の奉納や、馬頭観音の石塔の建立などの信仰を生み出した。

遠野の街道と駄賃付けの道

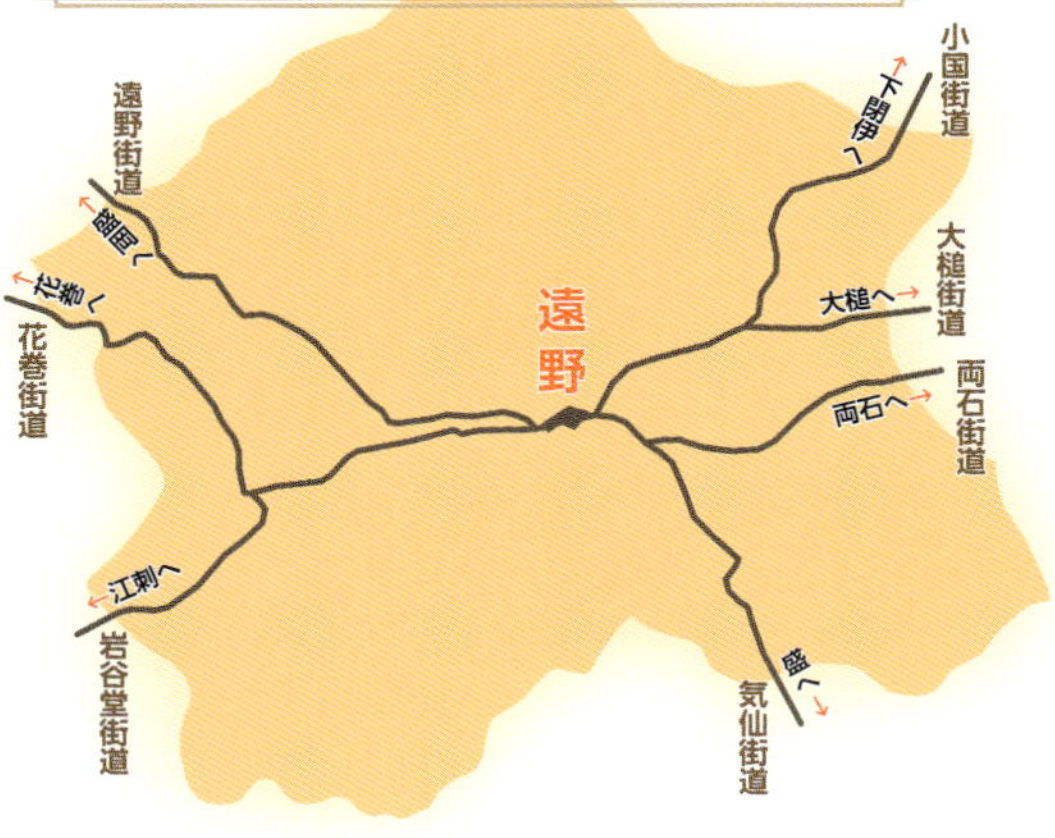

三陸海岸から遠野へ

三陸海岸方面から運ばれる荷物は、五十集物《いさばもの》と呼ばれ、カマス（ムシロを折って作った袋）に入れて魚が傷まないようにし、馬で夜通し運搬した。

内陸から遠野へ

日詰《ひづめ》（紫波町《しわちょう》）、花巻、仙台領の岩谷堂《いわやどう》（奥州市）などからは、穀物、雑貨類（障子紙や煙草、衣類、硫黄、漆など）が馬によって運搬された。

遠野から各地へ

市には在方から農民が集まり、野菜、山菜、ワラ細工、竹細工、木工品、木炭などを露店売りした。また、三陸からの海産物と内陸からの米穀などの中継交易の場でもあり、米屋と魚屋の多くは軒を並べ、かつ資本も同一の店が多かったという。

おわりに

近年、怪異や呪術への関心が高まっており、テレビや映画、漫画など様々なメディアで頻繁に取り上げられるようになっています。このような時代の流れもあり、二〇二三年に当館で開催した特別展「遠野《とおの》物語《ものがたり》と呪術」には予想を上回る多くの来場者にお越しいただき、大変な反響をいただきました。

会期初日から販売した特別展図録『遠野物語と呪術』は初版一〇〇〇部が会期半ばで完売となり、会期中に二度の増刷を行い製作した三三〇〇部が完売となりました。特に若い世代の方々の関心が高く、ＳＮＳなどでも展示の様子が数多く紹介されました。

『遠野物語』に収められた怪異《かいい》譚《たん》や呪術の世界は、一〇〇年以上の時を経た今もなお、私たちの心に強く訴えかけるものがあります。それは単なる好奇心や恐怖心だけではなく、自然と人間の関係性や、目に見えない力への畏敬の念など、現代社会において忘れかけていた何かを思い起こさせてくれるからではないでしょうか。

本書は、当館で開催した「遠野物語と呪術」のほか、近年に開催した『遠野物語』や怪異をテーマとした特別展図録の内容を再編成して一冊にまとめたものです。展示でご紹介した貴重な資料をより多くの方々に知っていただくとともに、『遠野物語』の魅力を再発見する一助となれば幸いです。

最後になりましたが、特別展の開催にあたり、多大なるご協力をいただきました関係機関の皆様、貴重な資料をご提供くださった所蔵者の方々に心より御礼申し上げます。
また、本書の出版にあたり、編集・制作にご尽力いただいた河出書房新社の盛田真史様と稲村光信様に心より感謝申し上げます。

二〇二四年九月

遠野市立博物館館長　長谷川 浩

執筆者紹介

長谷川 浩　遠野市立博物館　館長

民俗学　1972年茨城県生まれ。1995年東北学院大学文学部史学科民俗学専攻卒業。1995年遠野市役所入庁、1998年から学芸員として遠野市立博物館に配属。2010年の博物館全面リニューアルに携わる。2012年から展示企画の主担当となり、「遠野物語と妖怪」（2015年）、「遠野物語と河童」（2018年）、「遠野物語と神々」（2019年）、「遠野物語と怪異」（2020年）、「遠野物語の世界」（2022年）、「遠野物語と呪術」（2023年）、「遠野物語と異界」（2024年）などの企画を担当。

前川 さおり　遠野市文化課　副主幹・市史編さん室次長

民俗学　1970年山形県生まれ。1992年山形大学文学部史学科卒業。同年、遠野市立博物館に学芸員として採用。遠野の死者の肖像画「供養絵額」、オシラ神、ザシキワラシなどの民間信仰を研究し、企画展で紹介。2010年の博物館リニューアルに携わり、館内資料解説として書かれた「遠野のヨメ日記」が人気を博す。2011年東日本大震災では、三陸沿岸被災地での文化財レスキューにも携わり、震災後の岩手県の民俗研究の動向について紹介した。

黒田 篤史　遠野市文化課　主査兼学芸員

日本考古学　1978年北海道生まれ。東北学院大学大学院文学研究科博士前期課程修了。金取遺跡の調査研究等に従事。『金取遺跡第２・３次発掘調査報告書』（2005年）、「『遠野物語』に見る柳田國男の考古学的関心」（2017年）などを執筆。

熊谷 航　遠野市文化課　主査兼学芸員

民俗学　1980年岩手県生まれ。北海道教育大学函館校卒業。2008年遠野市役所入庁。遠野の河童やザシキワラシなどを紹介した「遠野学叢書」の執筆・編集を担当。

本書の刊行にあたり、以下の方々・団体にご協力を賜りました。
国立国会図書館、国立公文書館、八戸市博物館、弘前市立弘前図書館、もりおか歴史文化館、陸前高田市立博物館、寶城寺、染黒寺、遠野市立博物館資料寄託者（順不同・敬称略）

遠野市立博物館について

FOLKLORE OF TONO 遠野市立博物館 TONO MUNICIPAL MUSEUM

ようこそ『遠野物語』の世界へ。

『遠野物語』の世界へいざなう展示の数々！

昭和55年（1980）開館の日本初の民俗専門博物館。貴重な民俗資料により、遠野の暮らしや習俗を紹介、『遠野物語』に記された世界が現代まで息づいていることを実感できる。

第1展示室は、マルチスクリーンで「遠野物語の世界」やアニメーション「水木しげるの遠野物語」などを上映するほか、物語の背景である遠野の風土や歴史、伝説を物語る資料を展示。

遠野の人びとの暮らしと歴史は「町」「里」「山」の三つの世界からなっている。第2展示室では、これら三つのゾーンの風土や民俗を取り上げる。遠野南部氏の城下町として市が立つ「町」のにぎわい、南部曲り家で馬と暮らし、オシラサマなどの信仰を大切にしてきた「里」の暮らし、木こりや猟師の生活の場であり、神や獣が住む異郷として独特の信仰が息づいている「山」の世界を、実物資料やジオラマなどで紹介する。

第3展示室は、特別展・企画展のコーナー。『遠野物語』を題材とした展示のほか、博物館活動の成果や時事のトピックス展示など、さまざまな展示を行っている。遠野のフィールド情報を調べることができる「ライブラリーサロン」や、100本以上の昔話や民俗芸能などの映像を視聴できる「遠野アーカイブス」もある。遠野探訪がより楽しくなる博物館だ。

全国屈指のオシラサマの展示。

ちょっと昔の遠野の暮らし。

博物館オリジナルグッズも！

遠野市立博物館

岩手県遠野市東舘町3番9号

- TEL／0198-62-2340
- 開館／午前9時～午後5時
  （入館受付は午後4時30分まで）
  ※月曜日が祝日および月末日が日曜日・祝日にあたる場合は開館
- 休館／5月～10月（月末日）、
  11月～3月（毎週月曜日、月末日、年末年始）
  ※資料特別整理日（11月24日～30日、1月28日～31日）は休館
- 入場料／一般310円、高校生以下160円
- 遠野市ホームページ
  https://www.city.tono.iwate.jp/

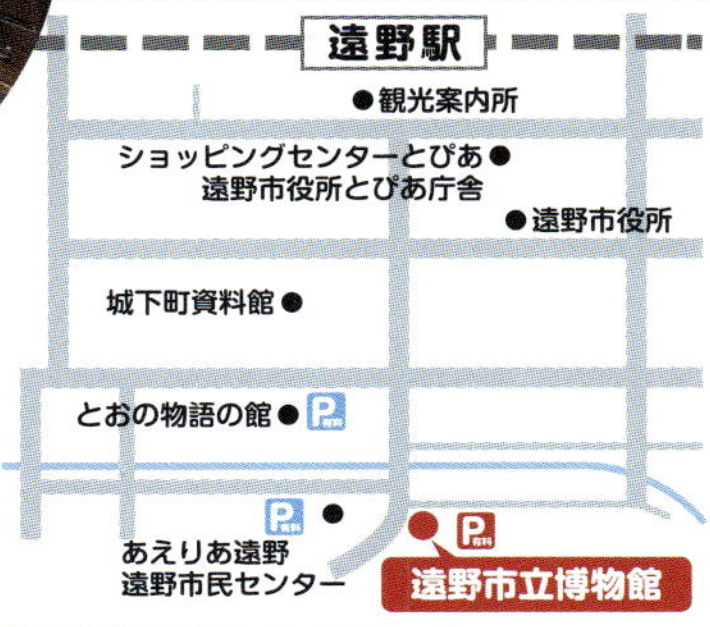

アクセス
- JR釜石線遠野駅から徒歩約9分（0.7km）
- 車は、東北自動車道～釜石自動車道～国道283号線を利用

主要参考文献

◉柳田 國男『遠野物語』聚精堂　1910年

◉佐々木 喜善『奥州のザシキワラシの話』玄文社　1920年

◉岩手県上閉伊郡綾織村教員会『上閉伊郡綾織村郷土誌』 1932年

◉柳田 國男『遠野物語 増補版』郷土研究社　1935年

◉岩手県教育委員会『岩手の俗信　第一集　時制に関する俗信』 1952年

◉岩手県教育委員会『岩手の俗信　第二集　天文気象に関する俗信』 1954年

◉柳田 國男『妖怪談義』修道社　1956年

◉柳田 國男『遠野物語』大和書房　1972年

◉遠野市史編修委員会『遠野市史　第四巻』 1977年

◉宮田 登『妖怪の民俗学』岩波書店　1985年

◉遠野市立博物館『佐々木喜善全集Ⅱ』 1987年

◉野村 純一他編『遠野物語小事典』ぎょうせい　1992年

◉遠野市立博物館『柳田國男と遠野物語』 1992年

◉谷川 健一編『遠野の民俗の歴史』所収・伊能 嘉矩「遠野のくさぐさ」
三一書房　1994年

◉遠野常民大学『注釈遠野物語』筑摩書房　1997年

◉遠野物語研究所『カッパの世界』 1998年

◉遠野市立博物館『ヤマダチ～失われゆく狩りの習俗～』 1998年

◉遠野市立博物館『オシラ神の発見』 2000年

◉川崎市市民ミュージアム『呪いと占い』 2001年

◉遠野市立博物館『日本のグリム佐々木喜善』 2004年

◉香川 雅信『江戸の妖怪革命』河出書房新社　2005年

◉遠野市立博物館『ザシキワラシ』 2007年

◉八戸市博物館『江戸妖怪物語』 2007年

◉小松 和彦『妖怪学新考　妖怪からみる日本人の心』洋泉社　2007年

◉東 雅夫『遠野物語と怪談の時代』角川学芸出版　2010年

◉遠野市立博物館『遠野物語の 100 年―その誕生と評価』 2010年

◉岩手県立博物館『病をいやす〜くすり・まじない・神だのみ〜』 2010年

◉小松 和彦編『妖怪学の基礎知識』角川学芸出版　2011年

◉遠野市立博物館『遠野物語と妖怪』 2015 年

◉宮崎県総合博物館『今昔、日本の妖怪〜百鬼夜行からゲゲゲまで〜』 2015年

◉えさし郷土文化館『神と仏と人々と―御札など民間信仰を中心に―』 2015年

◉遠野文化研究センター『遠野の河童』 2018年

◉遠野市立博物館『遠野物語と河童』 2018年

◉遠野文化研究センター『遠野のヨメ日記』 2019年

◉遠野市立博物館『遠野物語と神々』 2019年

◉遠野市立博物館『遠野物語と怪異』 2020年

◉新潟県立歴史博物館『まじないの文化史　日本の呪術を読み解く』
河出書房新社　2020年

◉遠野市立博物館『遠野物語と遠野の縄文文化』 2021年

◉原本遠野物語編集委員会編『柳田國男自筆　原本 遠野物語』岩波書店　2022年

◉遠野市立博物館『遠野物語の世界』 2022年

◉遠野市立博物館『遠野物語と呪術』 2023年

見るだけで楽しめる！
遠野物語と怪異 遠野の呪術の世界

2024年11月20日　初版印刷
2024年11月30日　初版発行

監　修 ──────────── 遠野市立博物館

発行者 ──────────── 小野寺優

発行所 ──────────── 株式会社河出書房新社

〒162-8544　東京都新宿区東五軒町2-13
電話　03-3404-1201（営業）
　　　03-3404-8611（編集）
https://www.kawade.co.jp/

企画・構成 ──────────── 盛田真史

イラスト ──────────── もりのぶひさ

装丁・本文デザイン ──────────── 阿部ともみ[ESSSand]

印刷・製本 ──────────── 三松堂株式会社

Printed in Japan
ISBN978-4-309-22945-4

落丁本・乱丁本はお取り替えいたします。
本書のコピー、スキャン、デジタル化等の無断複製は著作権法上での例外を除き禁じられて
います。本書を代行業者等の第三者に依頼してスキャンやデジタル化することは、いかなる
場合も著作権法違反となります。